天

Borderless

下

博稽古今　融汇天下

真实世界的法律思维既是一种工具

真实世界的法律思维

黄文伟 著

第2版

60堂 出乎意料的法律微课

能解决实际难题，也是一种知识

一种经常处于意料之外的知识，能满足我们的好奇心

法律出版社
LAW PRESS · CHINA
北京

图书在版编目（CIP）数据

真实世界的法律思维：出乎意料的 60 堂法律微课 / 黄文伟著 . -- 2 版 . -- 北京：法律出版社，2023
ISBN 978-7-5197-8405-8

Ⅰ . ①真… Ⅱ . ①黄… Ⅲ . ①法律－思维科学－普及读物 Ⅳ . ① D90-059

中国国家版本馆 CIP 数据核字（2023）第 190666 号

真实世界的法律思维
——出乎意料的 60 堂法律微课（第 2 版）
ZHENSHI SHIJIE DE FALÜ SIWEI
—CHUHU YILIAO DE 60 TANG FALÜ WEIKE（DI-2 BAN）

黄文伟 著

责任编辑 张心萌　孔明林
装帧设计 鲍龙卉

出版发行 法律出版社
编辑统筹 学术·对外出版分社
责任校对 晁明慧
责任印制 陶　松
经　　销 新华书店

开本 A5
印张 9　**字数** 200 千
版本 2023 年 11 月第 2 版
印次 2023 年 11 月第 1 次印刷
印刷 天津嘉恒印务有限公司

地址：北京市丰台区莲花池西里 7 号（100073）
网址：www.lawpress.com.cn
投稿邮箱：info@lawpress.com.cn
举报盗版邮箱：jbwq@lawpress.com.cn
销售电话：010-83938349
客服电话：010-83938350
咨询电话：010-63939796

书号：ISBN 978-7-5197-8405-8
定价：69.80 元
凡购买本社图书，如有印装错误，我社负责退换。电话：010-83938349

作者简介

黄文伟

仰恩大学法学院副教授，福建刺桐律师事务所律师。发表论文 30 余篇，出版著作《一句话理解法律：学法律就这么简单》《公共生活的底层逻辑》。

序　言

我们生活在一个依照法律强制力构造起来的世界。无论是买一份快餐、卖几只股票，还是交一份房租、订一个酒店，都是法律在支撑着其中的基本秩序。但是，除少数受过专业训练的人之外，绝大多数人对法律只有模糊的印象。既然是模糊的印象，那么，了解那些最具穿透力的法律知识显然是最重要的。法律思维最基本的准则是“以事实为根据，以法律为准绳”。这是人人皆知的法律思维，但深究起来相当复杂，不仅普通人展开其法律判断时会迷路，经过多年专业训练的法律人也会不时“踩坑”。

法律在现实生活中的应用存在两种基本方式：一是普通公民应用法律的行为；二是国家公权力应用法律的行为，即法律适用。本书所讨论的法律应用是“普通公民的法律应用”。现实生活是由法律支撑的，你之所以读这本书，并不是因为你要成为律师、法官、检察官，而是因为，只要你想做个生活在现代社会的明白人，就必须了解真实世界的法律思维。

什么是真实世界？这一问题是相对于书本理论而言的。书本理论不等于真实世界。书本理论在主观世界，从书本理论到真实世界，是一次无比艰险的穿越，罗振宇在 2018 年 1 月 23

日“罗辑思维”微信公众号“罗胖60秒”有一个精彩的阐释：“真实世界经常就这样，它会在书本理论上叠加一个意想不到的维度，这时候书本理论往往就没用了啊。”就法律应用而言，真实世界在书本理论上叠加的意想不到的维度归纳起来主要有六个关键词：对手、利益、“潜规则”、信息不完备、容纳矛盾、信任。[1]

什么是法律思维？在书本里应用法律，人们自然会用法律分析问题，但是，回到真实世界，很多人常常忘记了法律而以日常思维来分析问题。由于强大的思维惯性——日常思维的存在，你必须在日常思维的基础上加上法律理论思维的高度，这样才能玩转法律应用。法律理论是个庞大的体系，本书只探讨六个重要的法律理论思维的维度：普遍性、权利义务、主体、法律的完整把握、事实的法律陈述、程序。

真实世界的法律应用面临两个悖论：真实世界是一张网，而书本上的理论是一条线，用一条线来表达网，会水土不服；真实世界的思维习惯是直觉，法律问题则是理论叠加事实生成的观念系统，经常在直觉之外。真实世界的法律思维，既要在书本理论的基础上加上真实世界的维度，也要在真实世界日常思维的基础上加上书本理论的高度，由此形成一个循环。这样一个循环说一说也就懂了，难在一刻不忘地运用，难在融会贯通——像呼吸、走路、游泳和骑车那样自然而然地用真实世界的法律思维来对法律问题作出反应。

所谓真实世界的法律思维，并非那些只能意会而无法表达的法律思维，本书所定义的“真实世界的法律思维”是“意想不到”的，

---

〔1〕 这些维度在一些书本理论（如本书）中也有探讨，说它是意想不到的，主要有两个原因：一是书本理论在这方面探讨尚不充分；二是本书所讲的书本理论主要是指那些可以由标准化考试测试的书本上的法律理论，在这些书本理论中，这六个维度基本上是人们意想不到的。

既包括一般书本理论里“意想不到”的真实世界维度，也包括纯粹日常生活思维“意想不到”的理论高度。本书通过大量实际例子，特别是在你意想不到的场合中，讨论如何应用法律，旨在为真实世界的法律思维奠定一个初步的基础。

一方面，真实世界的法律思维有其工具性的一面，能解决实际难题。另一方面，它也是一种知识，一种经常处于意料之外的知识，能满足我们的好奇心。法律与生活有诸多内在的联系，我们一旦把“真实世界法律思维”理解、掌握、打通，就可以解答生活中的诸多疑惑。

现在，让我们一起开启“真实世界法律思维”的探索之旅，在一个个特定的场合中观察、分析和解读法律的具体应用。希望这是一段“新的时间”，会带给你意想不到的收获，出发吧！

目　录

一个在主观世界，另一个在现实世界。从书本里的法律思维到真实世界的法律思维，是一次无比艰险的穿越，罗振宇在2018年1月23日“罗辑思维”微信公众号“罗胖60秒”有一个精彩的阐释：“真实世界经常就这样，它会在书本理论上叠加一个意想不到的维度。”

书本里的法律思维，模拟的常常是“单人决策”的情形，只存在辨认事实、适用法律的思维决策。但在现实生活中完全是另一种场景，现实生活中很少有“单人决策”的情况，大多数情况下，你是在一根漫长的博弈链条中做选择，你的一个行为会触发其他人的应对行为，你的决策必须考虑其他人的意图。

“一切不牵扯利益得失的知识，都只不过是智力游戏。”书本里的法律思维就是典型的智力游戏，真实世界的法律思维则是直接牵扯利益得失冲突的。在真实世界中，你在法律上的每一次选择，都是直接奔向某种利益的，你也须承担这个选择的成本。

真实世界的法律充满各种合理和不合理的“潜规则”。不合理的“潜规则”,你要规避它、对抗它、扼杀它,而合理的“潜规则”的“潜”本身就是一种生存策略,对于你来说,其重要性甚至高于某些正式法律规则,如果没有弄明白,你无法玩转法律应用。

书本里的法律思维,法律人据以决策的信息是确定、固定和完备的;而真实世界的法律思维,要求你在不确定、易变和不完备的信息面前作出适当的决策。

在一般人的印象中，法律只有一张面孔，规定在纸上的法律就是最佳的。而在真实世界中你会发现，从不同人的视角理解法律就会有不同的含义，在不同时间点理解法律就会有不同的含义，从正义、自由、效率、秩序等不同价值出发理解法律就会有不同的含义，你需要在头脑中容纳相互矛盾的不同看法。

在真实世界中，法律应用是人与人在信息不完备的条件下博弈的过程，这促使人们试图去钻法律的空子。不过，当你钻空子赢了官司，很可能已经输掉了信任。人要信任法律，但法律毕竟不是人。在书本里，法律与信任基本上是和谐的，而在真实世界中，你会看到法律与信任的激烈冲突，需要你从中作出选择。

第二篇　在日常思维的基础上加上法律理论思维的高度

在书本里应用法律，人们自然会用法律分析问题，但是，回到真实世界，很多人常常忘记了法律而只是以日常思维来分析问题。由于强大的思维惯性——日常思维的存在，你必须在日常思维的基础上达到法律理论思维的高度，这样才能玩转法律思维。

作为当事人的法律应用者自然应该考虑个人利益，这也是日常思维使然。但是，法律是代表普遍利益的，你必须懂得从普遍性的角度理解法律是什么，必须懂得普遍利益和个人利益如何协调，否则你很可能无法在法律程序中保护个人利益。

当涉及要如何对待一个人或如何评价一个人的某个特定的行为时，我们常常会作出这样的界定：“这个人是好人”或“这个人是坏人”，“这是对的，那是错的”。但是，对一个法律人而言，他的思维须有一个转变，要学会运用权利义务规则来判断问题。

从日常思维到法律思维，需要一个重要的跨越：从具体单个的自然人到抽象且多样的法律主体的认识飞跃。法律关系是法律主体与主体的关系，辨明与你打交道的法律主体的性质，才能明确你是在跟谁建立法律关系。而能否在这样的法律关系中达到你的目的，你还必须进一步审查与你发生关系的法律主体背后的资源。

法律就在身边，我们多多少少都有一些法律常识，不过，日常生活中积累起来的法律常识往往是碎片、零散和孤立的，当你准备应用法律，还得回到法律文本，完整把握法律的具体规则。

法律思维意味着——事实在你眼里不是纯粹的事实，而是经过法律筛选的事实，是以主观设定的预适用的法律为参考系对事实进行的选择与陈述。

法律通过程序才能实现其目的，程序包括复杂多样的环节。这些环节稍纵即逝，证据不等你，对手不等你，法院也不等你。你必须一个环节一个环节扎扎实实地推进，一个环节出错，有时就无法补救了。

第一篇

在书本理论上叠加一个意想不到的维度

书本里的法律思维，任务是求知，搞不清楚就继续搞下去，也没谁逼他们，即使作出一个模棱两可的结论也不要紧。但是，在真实世界里，你有对手，有利益，有时间要求，你不得不在信息不完备的条件下做决策，有时必须接受与你价值观不同的结论，有时必须在法律与亲情、法律与人性之间做出选择。当你对所置身的世界有更真切的感受、更底层的认知，你才能理解真实世界的法律思维。当你熟悉了真实世界法律思维的逻辑时，或许，你也就理解了生活。

真实世界的法律思维是一个无比复杂的系统，任何一个现实的法律应用，除了法律，背后都有无数的因素在起作用。真实世界的法律思维，有太多超出书本理论的维度，一个维度一个维度地掌握并不一定更好，如同古人建万里长城的思路，每一个点上都在设防，结果事实上万里长城并没有成功阻挡游牧民族的入侵。面对复杂的维度，人脑生出一个适应机制——简化。没有简化，我们根本认识不了真实世界。本书将真实世界的维度简化为六个关键词：对手、利益、“潜规则”、信息不完备、容纳矛盾、信任。

第一讲　对　　手

真实世界经常就是这样，它会在书本理论上叠加一个意想不到的维度。第一个维度可以概括为对手。2014 年 10 月 7 日“罗辑思维”微信公众号“罗胖曰”有一个精彩的阐释：“在真实世界中，其实很少有‘单人决策’的情况。大多数情况下，你都在一根漫长的博弈链条中做选择——(1)你的最优决策依赖于别人的决策。(2)别人的最优决策依赖于你的决策。(3)你的决策还依赖于别人认为你怎么决策。(4)你怎么认为别人认为你将怎么决策。”书本里的法律思维，模拟的常常是“单人决策”的情形，只存在辨认事实、适用法律的决策。但在现实生活中完全是另一种场景，现实生活中很少有“单人决策”的情况，大多数情况下，你是在一根漫长的博弈链条中做选择，你的一个行为会触发其他人的应对行为，你的决策必须考虑其他人的意图。

在真实世界中，事实在你心中的呈现也会与他人有所不同；你理解的法律，跟他人(包括法官)所理解的法律并不一定相同；更重要的是，你们的利益有着根本的对立，这种对立会左右甚至使你们有意曲解事实和法律。在真实世界中，法律应用不是从法律对照现实推导出来的，而是由社会上不同的人通过博弈所形成的，你对法律的应用必须判断对手如何“出牌”。

懂法律不能保证你能用法律保护自己的权益，法律的应用更像赛跑，你是在跟你的对手赛跑，他会不择手段地跑赢你。真实世界的法律思维要求我们必须判断对手在哪里，对方当事人怎么“出牌”，法官怎么“出牌”。长期以来，中国式法律教育的重点都是“使自己成长”——怎么辨认事实、适用法律，而不是在“判断他人”——分析他人如何“出牌”，这方面是我们亟需补齐的“短板”。真实世界法律思维最重要的一件事，就是随时切换到“对手视角”，每次遇到问题时，需要从对方当事人、裁判者以及社会舆论这三个层面进行分析。

微课 1
事实不是你所经历的

电影,《我不是潘金莲》。

光明县人民法院第五审判庭,正在开庭审理李雪莲的案子。

王公道说:“你说去年,你们的离婚是假的,秦玉河的律师说是真的,你们各执一词。”

李雪莲为了达到分房子的目的,与丈夫秦玉河决定“假离婚”,在民政局办理了离婚手续,想等分到房子后再复婚。然而,半年后,她发现秦玉河居然已经另与他人结婚。李雪莲气不过,便起诉到法院要求确认双方是假离婚。开庭后,法官王公道根据他们确实办理的离婚登记,判决李雪莲败诉。对李雪莲来说,明明是假离婚,为什么法院不加以认可呢?李雪莲百思不得其解,又因为一句秦玉河说她是潘金莲,从此走上了十多年的申诉路。

当法律应用于现实生活,所有准备打官司的人,都应当有这样一个意识:在法庭上用于裁判的“事实”不是你所经历的客观事实,除调解外,司法裁判结果的作出是要建立在法官所认定的法律事实之上的。法律事实并非凭空形成,除了那些不必举证的事实,其余事实必须以证据为基础,且是经司法审理认可的证据所证明的事实。如果证据不能证明事实,即便事实有可能存在,也不能成为法律适用的依据。正如西方法谚所云:“在法庭上,只有证据,没有事实。”

只有被证据证明了的事实才是事实，无证据支持的事实基本上是无法被承认的。

在电影《我不是潘金莲》中，李雪莲无法证明自己的离婚是假的，法官王公道的判决，应该是根据证据作出的，合法有据。但是，李雪莲无法认同法院的判决。原因之一就是李雪莲“只相信客观事实，不懂得证据事实”，她无法理解“法院为什么不确认双方存在‘假离婚’的客观事实”，如果法院能确认这一事实，再判李雪莲败诉，李雪莲或许心里会有所释然。在初经挫折之后，她的请求也只是希望秦玉河承认是假离婚，她对秦玉河说：“明明就是假离婚，你怎么就不能说句真话说它是假的呢，秦玉河我告诉你，我就不告你了。”

证据事实与真实的客观事实可能有一定的距离，但法律评判只能以“证据事实”为准。案件的发生都是在若干时间以前，时间的不可逆性也决定案件的客观事实不可能重演，就像人不能两次踏进同一条河流，也不能两次亲历同一客观事件。法官不可能在场，不可能完整再现事实；当事人虽然清楚，但是，人类理性的天然局限让其再现的事实可能有偏差，而且，由于切身利益被卷入其中，当事人可能会有意歪曲地再现事实。“事实不是你所经历的”似乎违背常理，但却是法律应用不得不作出的选择。你可以根据自己经历的事实来推断法律后果，但法官不是你。任何人都不能担任自己的法官，由于回避等程序性制度的设置，法官不可能是案件客观事实发生、发展和灭亡的见证者。案件的裁判其实就是法官运用当事人提交的证据去确定案件中那些法官不知道而又必须知道的事实。法官所能凭借的只能是“证据”——书证、物证、证人证言等，只能通过这些来再现案件的事实，由于客观不可能再现，这种再现在本质上只是法官对事实的一种想象而已。

法律的应用是“以事实为根据，以法律为准绳”的过程，但是，“以事实为根据”并非以客观事实为依据，而主要是证据事实。从理论上来说，客观事实不管是否有人认识到，答案始终是二选一：存在或者不存在。而证据事实则是能够得到证明的或者不能得到证明的事实。在真实世界中，证据事实只是你的主张。作为一种主张，它不是过去发生的既定事实，不是存在与不存在的问题，而是一个证明的问题。对于律师、法官、检察官等法律职业人士来说，这是基本的常识，但是，很多普通当事人对此还相当陌生，甚至无法理解。

一个医疗纠纷，当事人饱含情感地诉说医院的疏忽、失职与过错，强烈要求医院承担赔偿责任，法律人可能淡淡表示：“如果仅仅根据你说的情况，医院确实是有责任的，但认定事实不是只听一面之词。”

这时，有的当事人会极其愤怒：“那你是不相信我的话了？”

如果双方是朋友，高度甚至上升到“难道你不把我当朋友了”这种严重的地步。

无论是专业机构进行鉴定，还是法院审理案件，都要充分听取双方意见并审查证据才能认定事实，但是，很多普通当事人无法理解。

你婚前全款买了一套房子，婚后卖掉得了100万元，又用100万元买了一套房子，这套新房子是个人财产还是共同财产呢？你肯定认为这套房子是你的个人财产，但是，你的配偶可能主张——这套新房子是共同财产，银行的100万元才是你的个人财产。同样的现象，不同的人有不同的看法，你必须拿出更多的证据来说服法官。医疗纠纷也是如此，很多你一眼认为是医院责任的现象，医院可能有不同的看法。

你借给张三 1 万元，这是一个客观事实，但是，如果无法拿出证据证明，你的事实主张就无法成为法官裁判的依据。怎样证明呢？证据事实并非凭空而来，仍然源于你所经历的事实，是已发生的案件事实的客观遗留。一种证据是不是客观遗留，例如借条是不是真的，不同的人会有不同的看法。由于客观遗留不是事实的本身，根据客观遗留所推定的事实不同的人也会有不同看法，例如，仅凭借条就能推定出借款的事实吗？肯定会有不同看法。这就需要你有对手意识，能够有效反驳对方当事人的质疑。以借条为例，仅凭借条，对方可能说你们之间存在借款合意却无借款事实，所以，你事前还得准备好能证明借款关系实际发生的证据，如转账凭证、收条等。一旦你能有效反驳对方当事人的质疑，法官就很有可能认同你的主张，你的事实主张就可以构成法官判决依据的证据事实，法官就会以此适用法律。如果既有的证据证明不了，就不能做进一步认定，例如，在著名的辛普森杀人案中，由于关键证据缺乏，就不能认定他有罪。

最后，再看一个段子。

三男子去女方家提亲，家长提议："说说各自情况。"

A 说："我有 1000 万元！"

B 说："我有一栋豪宅，价值 2000 万元！"

女方家长很满意，就问 C，你家有什么？

C 答："我什么都没有，只有一个孩子。现在孩子在你女儿的肚子里。"

A、B 听后无语，走了。

在法律人看来，A、B 选择走人的做法是很不可取的。法律思维提醒我们要注意：C 的话是真的吗？有证据证明吗？

我们对自己主张的事实，要备好证据证明；而对他人主张的事实，也要看一下是否有证据证明。

微课 2
法律不是你认为的

接着上一堂微课的话题，李雪莲的问题不仅在于“将事实当成她经历的事实，而不是证据证明的事实”，而且在于“将法律当成自己认定的法律”。李雪莲“只相信自己认定的道理”，这道理在李雪莲心里就是法律。

“先打官司，证明这离婚是假的，然后和那个畜生结回婚，然后再离婚。”李雪莲这样一个执念在法律上是无法实现的。假设李雪莲能证明双方的确存在“假离婚”的协议，法院也不会按照李雪莲自己认定的道理进行判决。双方在民政部门办理离婚登记的行为符合法律规定解除婚姻关系的要件，具有婚姻关系解除的法律效果，而双方的假离婚协议，秦玉河不履行，法院也不可能强制秦玉河履行，否则就违反了婚姻自由原则。

在法庭上用于裁判的“事实”不是你所经历的事实，而是“证据事实”。同样地，在法庭上用于裁判的“法律”也不是你认为的法律，而是在法庭上经各相关方博弈之后最后由法官所适用的法律。大多数人可能不会犯下“李雪莲式”的错误，只相信自己心中的道理，但也经常以为自己理解的法律就是法律，他们没有注意到法律条文的含义不是唯一的，法律条文在不同人看来可能有不同的含义。

当你使用超市自助寄存柜，你可能认为自己与超市之间构成保管合同关系，事实上，针对不同案情，在不同法官看来，有不同的理解。在最高人民法院 2002 年公报案例“李某诉上海大润发超市存包损害赔偿案”中，法院认为超市与顾客之间构成借用合同关系而不是保管合同关系。陕西省汉中市中级人民法院 2008 年判决的“汉中桃心岛商贸有限责任公司等与徐某返还原物纠纷上诉案”，法院认为原、被告之间形成的是保管合同关系而非借用合同关系。

现实生活中出现“同案不同判”，一个重要的原因就是法官面对同样的事实作出不同的法律理解，或者面对同样的法条推理出不同的解释。对于很多学法的人而言，这并不是很自然的思维过程，他们习惯根据自己对法律的理解作出判断。如果还是这样自以为是地理解法律，没有对手意识，就谈不上真实世界的法律思维。正如律师界的一句流行语所言：“一般的律师试图说明法律是什么，优秀的律师则论证法律为什么应该是我说的样子。”在法律实际应用过程中，你不能自以为法律就一定是你认为的，而是要探寻法官对法律的理解，要反驳对方当事人对你不利的法律理解，争取让法官认同你认为的法律。

什么是好的法律理解呢？法律的理想追求是“正当的才是好的”，你当然要追求正当性的理解，但是，你认为的正当与他人认为的正当并不一定相同，你必须说服他们。如果你能了解各法律行为者（法官以及对方当事人）的法律理解，你就更能说服他们。在真实世界里，你有你的正当性，他人也有其正当性标准，有时你还须懂得接受他人的正当性标准，如史蒂文·J. 伯顿在《法律和法律推理导论》一书所举的例子：一个基督徒提醒他的穆斯林朋友不吃猪肉，是从遵守伊斯兰教禁律的角度出发的，他本人并不认为此禁律正当适宜。同理，法律实务者必须接受法律文本本身和法律适用者的判断，但他本人并不一定认为这是公正和合乎道德的。

在诉讼过程中，我们往往可以看到这样的情景：一些疑难、复杂案件存在两种不同的法律理解、不同的解释意见、不同的裁判方案，各有其理由。原告可以找到一个法律依据，被告也能找到一个相反的法律依据，此时主审法官常常感到无所适从，面临法律适用选择的难题。这说明法律是不确定的。这种不确定性正是我们在法庭上博弈的空间所在。我们如何通过这种不确定性争取合法权益呢？

法律的不确定性首先源于法律规则的模糊性。法律规则的模糊性主要由语言的模糊性引起。语言模糊性是指语言所指对象的边界的不确定性和不清晰性，无法用一个边界清晰的集合加以概括。虽然法律追求确定性——提供确定性的判断以规范和调整社会秩序，法律语言具有专业性、单义性、系统性等特点，避免含混和模糊，但语言模糊性是一种普遍的语言现象，立法者对法律确定性的追求无法改变语言本身的模糊性。法律是通过历史上制定的规则调整未来发生的事实的，因此，法律需要具有高度的概括力，能将纷繁复杂的社会关系涵括于有限的法律条文之中，以便适用各种不同的情况。这种高度的概括性在一定程度上又抵消了立法者对确定性的追求。总之，不管立法者如何追求，法律规则总不可避免地存在模糊性。由于法律规则的模糊性，对法律的适用实际上是解释法律的过程，如此一来，不同的人很可能就有不同的解释。一方面，当事人双方利益的对立，使他们对法律有不同的解释；另一方面，法律适用者因所受教育、社会经历、理解能力、思维方式、生活环境等各方面的不同，对法律也可能有不同的认识和看法。

看到“蔬菜”这一词语，你在理解上不会有什么问题。1883年美国的一项关税法案规定对“外国蔬菜”要征收10%的进口关税。只看这样一个规定，理解也不会有什么难度。但是，放到真实世界就不一样了，1886年，美国曾经发生一场“西红柿是蔬菜还是水果”

的争议，进口商约翰·尼克斯认为是水果，美国海关却认为是蔬菜。官司一直打到最高法院，直到1893年，美国最高法院才作出判决，认为西红柿是蔬菜而不是水果。今天，如果问“西红柿是蔬菜还是水果”，估计看法还是莫衷一是。

法律需要用一堆语词来表达，一个语词所指的对象，其核心部分一般会有共同的理解，比如蔬菜指什么，不同当事人以及法官会有一些共同的看法。但是，谈及这个语词所覆盖的范围边界时，就会产生不同看法，例如，西红柿是蔬菜还是水果。在关于法律的不同解释中，最重要的是法律适用者的解释，美国大法官霍姆斯甚至宣称：“对法院事实上将做什么的预测，而不是别的什么，便是我所说的法律。”打官司，不能只说自己想说的和爱说的话，不能只顾自己的法律解释，必须有对手的意识，要反驳对方当事人的解释，最重要的是影响法律适用者的解释。

法律语言的模糊性意味着当事人有说服法官认可其法律解释的必要。有了必要性，还要有可能性，那么，说服法官的可能性是什么呢？如何利用这种可能性来说服法官呢？陈兴良教授有个著名的观点：“犯罪人不是根据法律规定去犯罪的，恰恰相反，法律是根据犯罪事实来规定的。一个人在犯罪的时候不会说法律怎么规定我就怎么去犯。犯罪毕竟不是表演，表演是演员根据剧本所设定的剧情进行演出。与之不同的是，犯罪就是犯罪。法律应当根据犯罪事实来规定。”在法律适用过程中，法官需要将法律规则与案件事实对接，而不是让案件事实与法律规则对接。法律规范的内容其实就是它被适用的总和，法条的真实含义是在其适用于社会生活的过程中发现的。张明楷教授对此有一个形象的比喻：“唐诗宋词，几千年来不断有人解释。有人说，这句话真好，有八种意思。他问过李白吗？他说的八种意思，绝对不是李白当时的意思，法律也是一样。”

这个观点进一步扩展开来，也可以说，法律应该随着社会生活而展开，一方面要根据社会生活立法，另一方面要根据社会生活解释法律，在不断变化的生活里发现法律的适当含义。用当前的社会生活事实解释法律正是我们说服法官的可能性所在。庞德于1908年在《哈佛法律评论》上发表一篇题为《机械化的法理学》的论文。他说，“一般法学家误认法学为一个专用逻辑方法的科学，他们以为裁判案件只要以现成的法律为大前提，以当前事实为小前提，我们就能演绎出一个一定不易的结论。这样看来法律就可比作一部磨米粉的机器，只要将米粒从一边不尽地灌进去，米粉就会从另一边磨出来了。司法者就是机器的工人，毫无创造的机会。殊不知，法律是一个应付社会生活的科学。社会生活上的需要无时不在变化和扩张当中，所以裁判之大前提也有随时修正之必要”。

用当前的社会生活事实解释法律，进一步讲就是结合案件事实和社会生活需求来解释法律。根据《刑法》第264条的规定，盗窃罪是指以非法占有为目的，盗窃公私财物数额较大或者多次盗窃、入户盗窃、携带凶器盗窃、扒窃公私财物的行为。什么是财物呢？1997年修订《刑法》时，几乎没有人将虚拟财产认定为“财物”，今天，随着网络的普及，虚拟财产保护已经成为一项重要的社会需求。如果能结合这种社会生活的需求来论证“虚拟财产是财物”，我们就能影响法律适用者对财物的解释。什么是社会生活的需求？赫拉利在《未来简史》中说，人类的众多社会结构——国家、民族、法律、教会、贸易，甚至货币，都是想象的产物。人们相信某种秩序，不是因为它真的是现实，而是因为相信它可以带来美好生活。可以说，人们对美好生活的向往就是社会生活的需求。我们要说服法官，影响法律适用者的解释，就要善于结合案件事实和人们对美好生活的向往来论证法律为什么应该是我们说的样子。

当然，说服法官认同我们的法律理解并不是一件容易的事。

朱某在某房间内与某外国籍女子发生性关系，并付给女方人民币 1500 元，后被某区公安分局民警查获。某区公安分局认定朱某构成嫖娼的违法行为，对其给予行政拘留 14 日的处罚。不过，朱某认为他与某外国籍女子发生性关系属于“一夜情”，而非卖淫嫖娼，某区公安分局所作处罚决定认定事实错误，于是提起行政诉讼，请求法院依法撤销某区公安分局作出的《公安行政处罚决定》。

到底是“一夜情”还是卖淫嫖娼呢？在此案件中，双方对案件事实经过本身并没有太多争议，争议焦点在于对“卖淫嫖娼”的理解。公安分局认为，朱某的行为符合不特定异性之间以金钱为媒介发生性关系的行为特征，是嫖娼的违法行为。朱某认为，某外国籍女子的职业是翻译，并非职业娼妓，所以不是“嫖娼”行为，而且双方是有一定感情基础的，属于一见钟情的“一夜情”，并非单纯的性交易，他还准备与其长期交往。

公安分局的认定以最高人民法院《关于如何适用〈治安管理处罚条例〉第三十条规定的答复》作为基础，该答复指出：“卖淫嫖娼”一般是指异性之间通过金钱交易，一方向另一方提供性服务以满足对方性欲的行为。但从公众常识角度来看，如果朱某是与职业娼妓发生性关系，公众一般会认为这是嫖娼行为，而在这个案例中，朱某并非与职业娼妓发生关系，而且双方又有一定的感情基础，很多人对这是否属于嫖娼行为有不同意见。在本案中，法院最后支持了公安分局的主张。

朱某最后没有驳倒公安分局的主张，也未能说服法官，或许是因为朱某的论证不力，也或许是当前社会生活尚没有这种强烈需求。法律不是你认为的，说服法官认同你的理解也不是一件容易的事，更多的时候，我们一般应该预测法官对法律的理解，而不是试图改变法官。不过，如有适当的条件，努力改变法官对法律的理解也是有可能的。曾经男女授受不亲，如今婚前性行为并不为法律所禁止，在将来，随着人们性观念的改变，说不定法官会认可朱某的主张，那时，再有人作出类似朱某的努力，就有可能说服法官。

法律适用者，特别是法官的解释，在法律的适用过程中居于决定性的地位。不过，你也不必为此过分紧张，法官并不能任意地解释法律，大多数情况下，你所认为的法律与法官理解的法律是一致的。法官在解释法律时，也要考虑当事人和公众的合理预期，如美国联邦最高法院大法官卡多佐所言：“当与束缚法官的规则的数量和压力进行比较时，法官的创造力便微不足道了。”

微课 3
当你想录音时，对手会怎么做？

俗话说，打官司就是打证据。找不到证据怎么办？很多人想到录音，殊不知录音也有风险。当你打算通过录音方式取证，首先要考虑的问题是对手会如何出牌——对手可能会否认录音证据的合法性，也可能会挖掘你寻找证据过程中出现的侵权行为。法律约束力不仅是约束别人的，也是约束你自己的。法律是一场博弈，你说别人违法，小心也会被别人告违法。

“不知情”是对方常用的第一个反驳策略。很多时候，我们给银行或保险公司打电话都会听到对方说“这个通话可能会被录音”。提示了对方将要录音，录音是可以当作法律证据的，没提示对方将要录音，音频资料可能会遭到“不知情”的反驳。

在一些地区，例如美国加利福尼亚州，法律规定与他人讲话想要录音必须经过双方同意。违法录音，一旦录音被人发现，在加利福尼亚州属于轻罪，面临坐牢 1 年或罚款 2500 美元的判决，后果严重。

我国目前没有这样的法律规定，单纯的“对方不知情”不会成为谈话录音作为证据的障碍。构成障碍的是取得录音的途径违法，或者录音证据存有疑点。一方当事人在另一方不知情的情况下自行收集的视听资料，如不存在以侵害他人合法权益或者违反法律禁止性规定的方法取得的情况，可视为合法证据。

你可能在“对方不知情”的情况下录音，对方也可能在你不知情的情况下录音，因此，如何防范被录音也很重要。在一些重要的谈判场合，你可以一开始就声明“不要录音”，如果之后还有人私自录音，此录音证据被认定为非法的可能性就很大。

将经过被录制者同意的录音作为证据通常不会有争议，但是，要注意这只是将录音作为证据向法庭提交的情况，如果把录音公开发布在网络上或者给其他人听，这段录音有可能被视为非法证据而被排除。

未经被录制者同意的录音作为证据肯定会遭到对方的反驳，争议的焦点在于是否以侵害他人合法权益或者违反法律禁止性规定的方法取得。何为侵害他人合法权益或者违反法律禁止性规定的方法取得的录音证据，在实践中不同法官的认定存在很大差异。

如果偷录者本身也参与了对话，所录内容是讲给偷录者听的，录音被认定为证据的可能性就大；反之，有可能不被采纳。曾有一方当事人在与对方谈判过程中将录音笔放在椅子上，之后借故离开，后来这份录音证据因为涉嫌窃听而被当作非法证据排除了。

在公共场所取得的私自录音，其合法的可能性比较大；在私人场所偷录取得的录音，不被采信为合法证据的可能性较大。

在谈话内容方面，若是谈话涉及个人隐私，那么，隐私权要被优先保护，不仅证据不被采纳，而且可能构成侵权；若是谈话涉及商业秘密，也可能构成侵权。

如果对方正在实施犯罪行为，你的录音通常会被采信为合法证据，例如，被恐吓勒索、被绑架、对方意图行贿、遭遇暴力对待等。一般遇到危险或极端情况需要第一时间报警，警察也会要求你录音留证。

“窃听”是对方常用的第二个反驳策略。“窃听”，即偷听别人之间的谈话，包括隔墙偷听、截听电话、安装窃听器等。“窃听”的特点是录音人作为第三者躲在一边窃听偷窥，如果录音人作为一方参与到双方的谈话当中，谈话人知道录音人能够亲耳听到谈话内容，就不是窃听了。当对方提出“窃听”反驳你的录音证据时，他针对的可能不仅是你的证据合法性，你还可能涉及侵权甚至犯罪问题。

“窃听”的第一个风险是刑事责任。《刑法》第284条规定：“非法使用窃听、窃照专用器材，造成严重后果的，处二年以下有期徒刑、拘役或者管制。”构成本罪的前提是使用窃听、窃照专用器材，而且造成严重后果。行为人如果使用普通的录音、摄影器材非法窃听、窃照的，不构成本罪。所谓严重后果是指由于行为人实施非法窃听、窃照行为而致使窃听、窃照对象伤亡、遭受重大财产损失以及严重损害国家政治利益等情形。

“窃听”的第二个风险是行政责任。《治安管理处罚法》第42条规定，偷窥、偷拍、窃听、散布他人隐私的，处五日以下拘留或者五百元以下罚款；情节较重的，处五日以上十日以下拘留，可以并处五百元以下罚款。

“窃听”的第三个风险是民事责任。如果你私自窃听他人谈话或私自录取他人谈话的录像，涉及他人隐私的，那么，很可能会侵犯他人的隐私权，你就要承担一定的民事责任。如果将窃听或偷录的谈话放到社会上宣传，损害他人名誉，属于侵犯他人名誉权的行为，情节严重的，甚至还可能涉嫌犯罪。

目前，我国法律并没有禁止所有的窃听行为，只禁止非法使用窃听、窃照专用器材和侵害他人合法权益的窃听行为。在他人的工作或住所窃听取得的录音资料，如果作为证据，一般会被排除使用，并可能构成侵权。在家里安装监控器，家里人都同意，一般不涉及侵权，但是，如果丈夫或者妻子一方是为了监控对方而私自安装监控器，那就可能涉及侵权了。

为了保护自己的财产，私自在家门口或者阳台安装监控，如果不涉及他人隐私，不把监控录像公开发布在网络上或者给其他人观看，构成侵权的概率不大。不过，如果邻居认为监控侵犯了他的隐私，也是可以向法院起诉的。

一般而言，未经对方当事人同意私自录制其在公共场所的言行，所形成的视听资料可以作为证据使用。不过，这也不是绝对的，公共场所并非无隐私，在公园、道路等公共地域，一些涉及隐私的私人谈话也是受到法律保护的，未经其同意的录音、录像，存在侵权的风险。有些公共场所（如法庭），法律法规明令禁止录音、录像，有的酒吧、商店，所有权人禁止录音、录像，如果你还在这些场合录音、录像，证据不仅不会被采纳，而且存在违法和侵权的可能。

“存有疑点”是对方常用的第三个反驳策略。对此，你必须注意以下几点：

（1）录音证据不能作为孤证证明法律关系，必须结合其他相关证据达到互相佐证的效果。《民事诉讼法》第74条规定：“人民法院对视听资料，应当辨别真伪，并结合本案的其他证据，审查确定能否作为认定事实的根据。”一般来讲，如果只有录音证据，没有其他佐证，得到法院支持是有难度的。

（2）在法庭上提交录音证据应当出示录音的原始载体，如录音笔、手机等。有些人自作聪明将录音内容上传至电脑转为录音文件，向法院出示的仅为刻录后的光盘，这种非原件证据是很难被采纳的。

（3）一份完整的录音证据应当包括录音本身以及相应的文字说

明。如果录音被剪辑，剩下的内容是对自己有利的“干货”，这种证据是不会被采纳的。很多录音夹杂着方言、口音以及嘈杂的环境声，最好将录音内容整理成文字资料，并将想证明自己目的的谈话内容标注出来，提示给法院和对方当事人，否则可能会影响说服力。

（4）录音内容必须反映被录音人的真实意思表示，不能采取欺骗或威胁的手段骗取或逼取录音。

（5）开庭时要记得携带播放设备，因为需要当庭质证。

微课4
借条中的对手意识

如今的民间借贷，大多有借条意识。亲兄弟也得明算账，何况朋友之间借个钱，债务人和债权人关系再好，借钱时也一定要打借条。很多出借人以为，只要有借条，一旦有了纠纷要打官司，就非常简单，百分之百能赢。民间借贷常常发生在亲戚朋友之间，借钱时债权人与债务人的关系一般情况下都比较好，但是，一旦有了纠纷，就是对手关系了，如果你的借条或者欠条稍有不规范，对方可能会就此大做文章，甚至否认借钱的事实。俗话说，被借钱的怕借钱的，稍有不慎，人钱两空。不打借条是最大的法律风险，有了借条或者欠条也并非可以高枕无忧，还得看借条的内容。

如果你是出借人，借款人写借条时，一定要他当面书写借条。千万不要由你来书写，否则一旦有了纠纷，借款人会以你擅自书写内容为由，拒绝承认借条的有效性。借条可为打印稿，但在借款人署名栏必须由借款人当场签名、捺手印。如果借款人将事先写好的借条交给你，该借条中债务人的签名就不排除他人代签的可能。当你索款时，借款人可能会以不是本人笔迹为由，拒绝偿还。借条书写中有涂改时，应要求借款人在涂改处捺手印。有些恶意借款人会用褪色笔书写借条，时间久了，借条上的文字就没有了。借款人会坑出借人，但也不排除出借人坑借款人，褪色笔和篡改问题也可能伤害借款人。为防止褪色笔和篡改问题的出现，借条书写完成后，借款人可用手机拍照留存，进一步的措施是借款人复印一份留存，并请出借人签注“该借条复印件与原件一致”。

借款人写借条时，出借人要查看借款人的身份证，借条中债务人的署名及身份证号码一定要与身份证件保持一致。有时候借款人的日常用名与其身份证上的名字不同，如果借款人用化名或小名书写借条，那么，该借条的签名就存在重大瑕疵。除核对信息外，你还要留下借款人的身份证号码以及身份证复印件。如果以后发生纠纷想起诉，必须有债务人的基础信息；如果没有对方当事人的身份证号码，你去起诉，法院是一定不会受理的。同样地，如果你是借款人，这时你也应要求出借人的姓名后附身份证号码，同名同姓的人不少，而身份证号是唯一的，这样可以避免之后就出借人是谁发生争议。

借条要清楚明确，没有歧义。“甲借乙捌万元”，这样的表达无法明确是谁向谁借钱，没有明确方向性，应当用“借给”而不是“借”。借款数字一定要有大写，可以只写大写的数额，但最好是大小写对应，这样就不容易被修改了。借贷利息要明确约定，民间借贷没有约定利息的，视为不支付利息。另外，一些用语也要特别注意。甲借给乙 8 万元，同时出具借条写明借款捌万元，几个月后，乙归还甲 3 万元，遂将原借条撕毁，乙重新为甲出具欠条，欠条上写的“还欠款 5 万元”。一旦发生纠纷，乙可能会说：我这写的是“还（huan）欠款 5 万元”，也就是说已经给了你 5 万元，再给 3 万元就好了。“还”字既可以理解为“归还”（huan），又可以解释为“还（hai）欠”“尚欠”。由此产生的这些争议，对出借人就非常不利。还有更为糊涂的人，以“收条”代“借条”，只写收条，没写借条，结果借给别人钱反而变成欠别人钱。

张三向李四借款1万元，为李四出具条据一张："收条，今收到李四壹万元。"后来张三不还钱，李四向法院起诉后，张三在答辩时称，为李四所打收条是因为李四欠其1万元。

借给别人钱的时候，不光要写借条或者欠条，最好是采取银行转账的方式将借款支付给对方。如果不便转账，那么最好也请在对方收到借款的时候要求对方出具一张收条，证明你确实将借款借给了对方。不然，借款人可能会说借条是我写的，但只是表达了借钱意愿，本人并没有真正收到钱。借条的文字与判断款项是否支付密切相关，一定要注意表达清楚。借条中只是写"今借某某多少元"，借款人可能会主张没有借到钱，如果借条中写"今借到某某多少元"，就表明所借款项已经实际交付。有的借款人还会提出一时疏忽没搞清"今借"与"今借到"的区别，为进一步避免此种诉讼风险，可以采取"现收到某某出借的多少元"，以强调款项已经实际交付。

借条应该有标题，表明了该条据的性质，写在纸张顶部。标题和借条正文间不留空行，这样可以防止借条持有者在借条正文上方添加内容或者将借条篡改为数页合同的最后一页。借条本身必须是一张完整的纸，避免是撕过或裁剪过的纸张，否则，借款人可能以借条不具有完整性作为抗辩。因为法院并不了解撕去的部分是否有其他意思表示，如果你作为原告主张撕去的是空白无用的废纸，需要自己举证，举证不能就要承担败诉的结果。曾有这样一个案例：借款人分几次偿还借款，每次偿还就书写在借条的下部，最后，贷款人把下部撕去，否认借款人前面几笔还款的事实，将借款人告上法庭，要求其全额偿还。借款人以借条有撕去部分作为抗辩，最后被法官结合其他证据采纳了借款人的主张，判决贷款人败诉。

最后，借条要妥善保管。保存不当、受潮、水浸、与化学物接触，字迹会变得模糊不清，这就麻烦了，也曾发生借条原件被借款人故意撕毁的案件。因此，最好复印几份借条，催款时可先向借款人出具复印件。反之，如果你是借款人，还钱时要注意当场索回借条，若对方将借条遗失，则应让对方当场写下收据，注明是归还哪笔款项，并将借据遗失一事明确载明。

以上注意事项似乎有些麻烦，但是，写借条的时候，对方向你借钱，有求于你，主动权在你手上。所以，在借钱之时，完善这样一些手续是不成问题的。

小贴士：

【借条范本】

借　条

为购买房屋，现收到王五（身份证号：674567×××0808）以现金出借的￥90,000.00元（人民币玖万元整），借期陆个月，月利率7‰（仟分之柒），贰零壹捌年拾贰月捌日到期时本息一并还清。如到期未还清，愿按月利率10‰（仟分之拾）计付逾期利息。立此为据。

借款人：李四

（身份证号：765432×××1817）

2018年6月8日

微课 5
如果对方当事人诚信的话，诉讼本不会这么难

绝大部分民间借贷的法律关系都很简单，事实也不复杂，但是，真正打起官司来还是充满风险，所以，一张借条也要做好诸多法律风险防范，简单事情要有复杂的考虑。这其中的一个重要原因就是对方当事人在诉讼过程中的不诚信。如果对方当事人诚信的话，诉讼本不会这么难，法律应用也会容易得多。

如果对方当事人愿意诚信地自认，甚至连证据都不需要，没有借条也不要紧。最高人民法院《关于民事诉讼证据的若干规定》第 3 条第 1 款明确规定："在诉讼过程中，一方当事人陈述的于己不利的事实，或者对于己不利的事实明确表示承认的，另一方当事人无需举证证明。"

如果当事人不说谎话，事情也好办，他未表示承认也未否认就是承认。最高人民法院《关于民事诉讼证据的若干规定》第 4 条规定："一方当事人对于另一方当事人主张的于己不利的事实既不承认也不否认，经审判人员说明并询问后，其仍然不明确表示肯定或者否定的，视为对该事实的承认。"

但是，一旦引发官司，双方就是冤家，不可能像平时一样讲究诚信。对方可能有不诚信行为，为了预防打官司的风险，所以事前要做很多预防措施，一张简单的借条也要考虑那么多复杂的问题。对方可能有不诚信行为，所以打官司前要做好扎实的证据准备工作。对方当事人的不诚信行为，不仅损害我方的合法权益，也影响审判

的公正性与效率，浪费司法资源，损害司法的权威及公信力。法律对不诚信的诉讼行为有诸多的限制，不过，要论证对方行为实属不诚信行为，并不是一件容易的事情，所以做好风险防范和证据准备仍然是上策。而在适当条件下，选择攻击对方的不诚信行为，则是一项很好的诉讼策略，既可维护自己的合法权益，也是一件利国利民的好事，还利于维护司法秩序。

1972 年 11 月，尼克松赢得 49 个州的胜利美国 50 个州，连任成功，以压倒性优势赢得了美国总统大选。1974 年 8 月，尼克松因“水门事件”辞职，成为美国有史以来第一个自动辞职的总统。尼克松本人在“水门事件”里真正出问题的，不是窃听，而是撒谎、作伪证。美国报界抓住不诚信这个问题，使尼克松主动辞职。在诉讼中，如果我们能抓住对方的不诚信，常常也会有意想不到的效果。

2018 年 3 月 12 日，沭阳县人民法院发布了一份《关于对当事人虚假陈述一案的处理通报》。在原告杨某与被告仲某民间借贷纠纷一案中，承办法官多次向原告杨某告知法庭纪律及虚假陈述的法律后果，原告杨某均保证如实陈述并签署保证书。就被告已归还 4 万元的情况，原告杨某在该案庭审中一直拒不承认，后于 2018 年 2 月 7 日向法院出具检讨书，承认对该笔 4 万元还款情况的陈述不实。鉴于当事人杨某虚假陈述的行为，已妨害民事诉讼秩序，浪费司法资源，并损害其他当事人的合法权利，法院根据《民事诉讼法》相关规定，决定对杨某处以罚款 2 万元的处罚。

因在法庭上做虚假陈述而被罚款、拘留，类似的事情在全国各地法院均时有发生。选择攻击对方虚假陈述的不诚信行为，可以加重对方的证明责任，让对方遭受法院的处罚，甚至可以让对方被追究刑事责任。攻击对方的不诚信行为是一项很好的诉讼策略，应该如何运用呢？

在民事诉讼中，对方当事人如有“伪造、毁灭重要证据，妨碍人民法院审理案件的”，或者“以暴力、威胁、贿买方法阻止证人作证或者指使、贿买、胁迫他人作伪证的”，人民法院可以根据情节轻重予以罚款、拘留；构成犯罪的，依法追究刑事责任。多数人认为在民事诉讼中作伪证不会被追究刑事责任，因为《刑法》第 305 条“伪证罪”和第 306 条“辩护人、诉讼代理人毁灭证据、伪造证据、妨害作证罪”都特别要求在刑事诉讼中。其实不然，《刑法》第 307 条规定的“妨害作证罪”（以暴力、威胁、贿买等方法阻止证人作证或者指使他人作伪证的）、“帮助毁灭、伪造证据罪”（帮助当事人毁灭、伪造证据，情节严重的）和第 307 条之一规定的“虚假诉讼罪”（以捏造的事实提起民事诉讼，妨害司法秩序或者严重侵害他人合法权益的），就不限于刑事诉讼了。

《民事诉讼法》第 66 条规定了 8 种证据形式，即当事人的陈述、书证、物证、视听材料、电子数据、证人证言、鉴定意见、勘验笔录。当事人的虚假陈述应视为伪证的一种形式。根据这一规定，不仅当事人伪造、变造其他证据的行为属于伪证行为，在当事人陈述中虚构事实也是伪证的一种形式。虽然当事人自己作伪证或者自己的虚假陈述还构不成“妨害作证罪”和“帮助毁灭、伪造证据罪”，但如果涉及重要证据，妨碍人民法院审理案件的，人民法院可以根据情节轻重予以罚款、拘留；如果属于“以捏造的事实提起民事诉讼，妨害司法秩序或者严重侵害他人合法权益的”，还可能构成“虚假诉讼罪”。

并不是所有的当事人虚假陈述，人民法院都可以根据情节轻重予以罚款、拘留，只有当事人的虚假陈述涉及重要证据且妨碍人民法院审理案件的，人民法院才可以根据情节轻重予以罚款、拘留。一般来说，具有积极性质的虚假陈述有可能被予以罚款、拘留，如伪造、变造证据，在对方当事人提交了充分证据后仍虚构法律关系及相应事实进行抗辩的，就案件事实的陈述前后不一、存在重大矛盾且无法作出合理说明的。而对消极性质的虚假陈述，法院一般不会对其予以罚款、拘留，只可能加重其证明责任、责令其承担相应的民事责任，如：(1)在主张己方权利时，隐瞒对方已履行部分或者全部义务且不能作出合理说明的；(2)回避陈述自己参与事实的行为或者对自己知道及应当知道的事实，以“不知道”“不清楚”“不记得”等进行回答且不能作出合理说明的；(3)对自己签名、盖章书证的真实性拒不发表意见，经审判人员就法律后果进行释明后仍拒不发表意见的；(4)对有其他充分证据相互印证真实性的书证仍申请鉴定阻碍诉讼的；(5)对已经掌握或者应当掌握的证据仍申请法院调查取证，且不能作出合理说明的。

最高人民法院《关于适用〈中华人民共和国民事诉讼法〉的解释》第110条规定：“人民法院认为有必要的，可以要求当事人本人到庭，就案件有关事实接受询问。在询问当事人之前，可以要求其签署保证书。保证书应当载明据实陈述、如有虚假陈述愿意接受处罚等内容。当事人应当在保证书上签名或者捺印。负有举证证明责任的当事人拒绝到庭、拒绝接受询问或者拒绝签署保证书，待证事实又欠缺其他证据证明的，人民法院对其主张的事实不予认定。”在诉讼实践中，要让对方因为虚假陈述而受到罚款、拘留，一般需要其签署保证书，于是，有的当事人自己不出庭而仅由律师出庭。这种情况相对难办一些，不过，律师不适当的虚假陈述，也可能要承担相应的法律责任。

2015年12月24日下午，香洲法院开庭审理原告欧某诉被告何某继承纠纷一案时，某律师作为原告欧某的委托代理人出庭参加诉讼。案件开庭审理过程中，在法庭调查阶段，律师当庭将写有引导信息的纸条递交给当事人，让其作虚假陈述。法院认为，律师违背诚实信用原则，妨碍法庭查明事实，情节恶劣，对该名律师作出罚款1000元的处罚。

除罚款外，律师在代理诉讼过程中直接作虚假陈述或者在当事人作虚假陈述中起明显作用的，人民法院还可以将相关情况向当地司法行政管理部门如实通报或者提出司法建议。如果律师触犯《刑法》第307条，则还可能被追究刑事责任，已有一些律师因此被定罪了。

微课 6
许霆案

——舆论也是你的对手

在真实世界，法律应用的攻防，主要发生在双方当事人和法官这三者之间，不过在某些案件中，舆论也是一项重要的影响力量。

2006 年 4 月 21 日晚 10 时，ATM 出现故障，取 1000 元银行卡才扣 1 元。狂喜之下，许霆将此事告诉同伴郭某。郭某和许霆分别从中提取了 1.8 万元和 17.5 万元后各自潜逃。事发后，郭某主动自首后被判处有期徒刑 1 年，而许霆潜逃 1 年后落网。2007 年 11 月 29 日，广州市中级人民法院（以下简称广州中院）经过一审将“许霆案”定性为“盗窃金融机构，数额特别巨大”，判处许霆“无期徒刑，剥夺政治权利终身，并处没收全部个人财产”。同年 12 月，“许霆案”经媒体报道后引起舆论广泛关注和争议。

2008 年 2 月 22 日，案件发回广州中院重审改判 5 年有期徒刑。广州中院最终认定，许霆盗窃罪名不变，也没有法定从轻减轻情节，但鉴于案情特殊，对其在法定刑以下判罚，判处有期徒刑 5 年，罚金 2 万元，并退赔其犯罪所得 173，826 元。从“无期徒刑”到“有期徒刑 5 年”究竟是怎么判出来的？广州中院刑二庭庭长甘正培表示，重审轻判是基于以下两点考虑：一是考虑到许霆的犯意是偶发的，是在 ATM 出现异常的情况下引发的行为；二是考虑到他是用自己的银行卡超余额取款盗窃的方法取款，这和采取破坏性手段盗窃是有一定区别的。因此，本案如果依据法定量刑幅度，判处其“无期徒刑”不符合“罪责刑相适应原则”。改判是根据许霆案的特殊情况作出的。在法律上，审判委员会引用了《刑法》第 63 条第 2 款，即犯罪分子虽然不具有本法规定的减轻处罚情节，但是根据案件的特殊情况，经最高人民法院核准，也可以在法定刑以下判处刑罚。2008 年 3 月，再审判决后，许霆又向广东省高级人民法院提起上诉。5 月，广东省高级人民法院维持了 5 年的判决。

从无期到 5 年的逆转，一个同样的案件前后会出现如此巨大的差异，令人唏嘘不已。在本案中，法院确实存在量刑过重的问题，但本案一审判决引发了强烈的社会舆论，公众对许霆判决的参与程度可谓前所未有，媒体报道和民意推动也是法院改判不可或缺的因素。当许霆案一审判决出来以后，舆论一片哗然，认为法院量刑过重的声音不绝于耳。“看着许霆的故事，想着自己的命运”，很多人质疑这样的罪与这样的罚是否真的合理？十几万元就把一个年轻人判成无期徒刑，法律是否太严厉了，法律本身是否也出现了某种程度的错误？银行是否有责任，有怎样的责任？单纯靠惩罚，犯罪能否得到有效控制，银行方面应该采取哪些相关措施？一连串问题的提出给审判机构带来了巨大的压力。司法权只服从于法律，司法机关必须严格依照法律规定独立行使审判权，不受行政机关、社会团体和个人的干涉。公众舆论对司法审判的直接干预，本身就不值得肯定。不过，在现实生活中，法官是人不是神，舆论的强大力量必然或多或少影响法官的判决，无论是本案还是泸州“二奶”案、刘涌死刑案，一个又一个案件告诉了我们舆论的强大力量。

一些大企业遇到公众关注较多的案件，也会让代理律师与公关公司合作，尽可能争取媒体支持，希望公众舆论能影响法官对案件的判断。舆论的形成不仅源于自发，也可能是人为的，这种叠加效应有时会对某些案件产生极大的冲击力。

任何一个案件都存在两种事实：一是客观事实，案件原来的真相；二是经司法审理认定的事实，我们可称为“法律事实”。传媒舆论爆炸的今天，还出现了第三种事实，即舆论或媒体中出现的事实。

舆论媒体与司法体系的认知标准有所不同，舆论媒体为博取眼球更看重感情的煽动和追随大多数人的意见，又因为侦查手段的缺乏而满足于通过口供、小道信息甚至流言来形成案件事实。舆论或媒体中出现的事实往往与“客观事实”和“法律事实”有所差异，不少公众基于这一种事实形成了自发的评价意见，形成了一种“体制外的审判”。由于不必承担错判、误判的责任，这种“体制外的审判”有可能陷于随意和偏激。法律在相当程度上是作为专业知识存在的，就像医学知识一样，不具备相关资质的医师开出的治疗方案不具有可靠性，普通人的法律决策也时常会有愚蠢的错误。

不过，舆论中的公众意见，常常也包含朴素的正义感和自然法，这些意见对于发现法律本身的缺陷很有帮助，不可一律否定。张明楷教授曾经讲到他亲身经历的一个故事：“一次坐出租车，就问一个女司机对许霆案怎么看，她不知道许霆案，我就解释给她听。她说当然不对了，不是自己的钱，为什么取那么多？”这位女司机与案件没有任何利益关系，也没受到媒体舆论和法律专业理论的影响，她这样一个结论就包含朴素和真实的正义感。

当我们在书本里应用法律，舆论的力量可以视而不见，而在真实世界，它有时是一股强大的力量，是法律应用中不得不考虑的重要因素。舆论的挑战是多方面的，它既会影响判决，也会影响我们的判断。当舆论将我方定义为“坏人”时，我们要知道：“坏人也有三分理。”舆论眼中的“坏人”与法律眼中的“坏人”经常是两回事。当舆论将我方定义为“受害者”时，我们会收获“同情和支持”，但是，某些特定案例，例如强奸案受害者，可能会遭到世俗的“另眼相待”，这时则需要自己坚强地对抗它。

本讲小结

如何避免对手思维成为有害技巧?

简易版的法律适用模型体现为:以法律规范作为大前提,以事实作为小前提,演绎出法律判断。在这个模型中,法律判断的真假取决于法律与事实。事实明确了,诉讼上的竞争胜负在本质上是由法律决定的,理想状态是"赢自赢,输自输",与对手无关,与技巧无关!

如此看来,将"对手"引入法律思维令人意外,更有些不适。不过,当法律思维由书本拓展到真实世界,我们就会发现法律问题解决还是一个人与人打交道的过程。只有法律与事实不会自然演绎出法律决定,法律决定是由法官作出的。在事实面前,法官不是案件客观事实发生、发展的见证者;在法律面前,法官只是法律的解释者。

更重要的是,法官会为我们服务,但是,不能简单将法官理解为你的合作伙伴,法官是中立的裁决者,不妨将法官看作我们需要说服的对手。我们不仅要根据事实作出法律判断,而且要说服法官接受我们基于法律判断提出的主张,还要努力消除对方当事人以及社会舆论对法官作出正确判断的不利影响。如果说简易版的法律适用是"以事实为根据,以法律为准绳",那么,回到真实世界,对手则是我们不得不面对的现实。

对手思维早已有之,说服对手的学问源远流长,中国古代称为名辩之学,西方则是源自古希腊亚里士多德的修辞术。名辩之学和修辞术曾经声名狼藉,被看作言说者运用的有害技巧,被指斥为"利用听众的情感和漂亮的语言而不是事实与法律赢得诉讼"。的确,事实应该体现客观真实,在客观真实无法达到的情况下至少也应该是法律真实；法律应该是国法，在国法模糊与漏洞之处再寻找适当之解释。理想化的法律思维显然应该按这样的方向去努力，但是，在真实世界中，理想化的法律思维往往可欲不可得，在此场景之下，不得不引入对手思维。对手思维的运用必须讲究职业伦理，在“以事实为根据，以法律为准绳”作出可信赖之法律判断和主张的前提下，再寻找说服之艺术，否则，对手思维有可能沦为有害技巧。

法律人不能仅停留在“对手是不得不面对的现实”层面，而且要上升到一种更高的层面——认同“真理有可能越辩越明”。也就是说，要勇于承认自身理性可能存在的不足，真理不是靠“一个人的自以为是”而明，而是依赖于“双方乃至多方的辩论”而明。不过，一旦提及论辩，就不可避免面临其中蕴含的对手思维有可能成为有害技巧的尴尬。这就是说，论辩以及对手思维必须讲求伦理。在这一领域，范爱默伦和汉克曼斯提出了十条批判性讨论规则，具体为：

（1）自由规则：论辩双方不得彼此阻止对方提出立场，或者阻止对方质疑立场。（2）举证责任规则：如果提出立场的一方被要求为立场做辩护，那么他就负有辩护义务。（3）立场规则：一方对立场抨击必须与另一方确实已提出的立场有关。（4）相关规则：只有提出了与立场相关的论辩时，其立场才能得到维护。（5）未表达前提规则：一方不得错误地把另一方未表达的东西当作前提来提出，或者否定对方留有余地的前提。（6）出发点规则：论辩双方都不能错误地把前提当作公认的出发点，或者否认代表了公认出发点的前提。（7）论证图式规则：如果辩护没有正确运用适当论证图式来进行，那么就不能认为立场得到了决定性辩护。（8）有效性规则：在论辩中，推理必须是逻辑有效的，或者必须通过弄清一个或多个未表达前提，使之成为逻辑有效的。（9）结束规则：立场辩护失败必然导致正方要收回立场，而立场辩护成功必然导致反方要收回质疑。（10）用法规则：论辩双方均不得使用不清晰或含混的语言表达方式，且必须尽可能谨慎、正确地解释对方的语言表达方式。[1]

论辩是为了求真，而不能只是为了赢，必须遵守伦理规范。上述批判性讨论规则早已融入程序法以及法律职业伦理。避免对手思维成为有害技巧，首先要在合法和遵守职业伦理规范的前提下展开论辩；其次，要善于识别对手所应用的有害技巧，有效防范对方当事人通过“有害技巧”混淆法官思路，及时消除其影响。

微课1~6详细阐述了对手可能用到的有害技巧，提出各种风险防范和应对技巧。在此基础上，有必要强化主动出击意识。揭穿谎言的好方法，就是让撒谎的人多说话，而不是少开口。

你有对方不利的证据，但对方却不回应，不要以为你就赢了。如果法官认定你的证据不足以证明你的主张，那么对方不回应就成他的技巧了。对方开口说话，你充分反驳，法官会认可你的主张，但对方不说，那你就得做更充分的准备。

微课1的李雪莲如果能说服法官强制秦玉河出庭，那效果可能就不一样。微课4提及对方当事人的种种可能使坏手段，不少已经涉及刑事责任，例如，用褪色笔写借条，涉嫌诈骗，如果定性成诈骗罪的话，够他“喝一壶”了。让他出庭说话，法院有极高概率把案子移交给公安机关。

〔1〕 参见［荷］范爱默伦、［荷］汉克曼斯：《论证分析与评价》，熊明辉、赵艺译，中国社会科学出版社2018年版，第163页。

第二讲 利　　益

真实世界经常就是这样，它会在书本理论上叠加一个意想不到的维度。在法律思维中，第二个意想不到的维度可以概括为利益。万维钢在“得到”App专栏“精英日课”第2季第65期说：“一切不牵扯利益得失的知识，都只不过是智力游戏。”书本里的法律思维就是典型的智力游戏，真实世界的法律思维则是直接牵扯利益得失冲突的。在真实世界中，你的法律思维不仅要回答行动规划是否合法，或是否会导致承担责任，更重要的是要回答如何有效地实现你的利益。你当然要搞清楚“事实是什么”以及“法律是什么”，不过，在应用法律之前，首先要厘清自己想要什么，运用法律的目的是什么，要达成什么利益。

书本里的法律应用，你失败了，不会带来真实的伤害。真实世界的法律应用，每一次选择，每一次行动，都会带来结果，你会获得实实在在的利益，但也可能遭受真实的、无可逆转的伤害。书本里的法律应用，你的目标很明确，对它的衡量有客观标准，有人为你打分数，法律应用水平就看你分数的高低。书本里的法律应用，失败了可以重来，经常可以重新再考一次，但是，在真实世界，你不一定再有重新来过的机会。在真实世界，你的目标是利益，而利益是与时间连在一起的，这样，在面对法律问题时，我们必须明确时间节点，明确做什么，不做什么，回到事情的本质——追求利益而不是法律本身的输赢，用最宝贵的时间解决最关键的任务。

何为真实世界？吴伯凡有一个形象的比喻。他说，人在“子宫”时，跟母体合一，不需要自己承担任何责任，不需要付出任何能力，被母体全权喂养，能感受到不需要任何努力就能获得的温暖和舒适，饥饿和寒冷都被母体屏蔽在外。当人从“子宫”出来，就进入真实世界。“子宫”与真实世界有什么不同呢？吴伯凡用两个词“自在”和“自由”来区分。在“子宫”的状态下，是“自在”，你独自占有一个快乐的空间，不需要思考，不需要选择，你只是一个附庸，一个微不足道的终端，一切的事务都全权委托给那个母体了。真实世界的状态则是“自由”，自由就是什么事情都要由你自己来认知，你自己做选择、做决策、做判断，而且你要承担这个选择和判断的后果。自由意味着可以自主追逐自己的利益，但你要承担由此带来的种种成本。从这个意义上来看，利益维度也就是成本维度。在真实世界，你在法律上的每一次选择，都是直接奔向某种利益，但也要注意这必定有相应的机会成本，为了得到我们喜爱的一件东西，就不得不放弃另一件我们喜爱的东西，任何决策都意味着在一个目标与另一个目标之间有所取舍，意味着你必须承担这个选择和判断的成本。

微课 7
为什么你不能成功地应用法律?
——来自利益维度的分析

法律的应用是“以事实为根据，以法律为准绳”的过程，不过，“以事实为根据，以法律为准绳”只是手段而不是目的。无论是事实还是法律，都是为了一定论证而存在的。为什么论证呢？显然是为了达成一定的利益。客观发生的生活事件有复杂的形态，而在法律应用过程中，事实则是从客观发生的生活事件中截取出来的具有论证性的命题。如果将客观发生的生活事件比作一块木头，那么事实就是为组装家具从这块木头上锯下的小木块。同样，法律也是如此，是为达成一定利益的论证需要而从法律体系中截取出来的。

2015 年，丁某和邓某从四川到福建打工，可是工程完成后，老板却迟迟不发工资，眼看着回家的日子一天天近了，他们商量决定采用跳楼的方式讨钱。一天下午，他们找到工地附近楼房上的一个水塔，爬上水塔，接着直接打电话报警：“警察同志，你们快来，这里有两个人要跳楼！”警察匆匆赶到，又找来了工地的老板，虽然最后丁某和邓某把工资拿到了手，却因涉嫌扰乱公共秩序被公安机关处行政拘留 10 日。

丁某和邓某的讨薪举措可谓得不偿失，代价太大，不过，这类行为在很多地方都曾屡屡上演,为什么呢?这与法律应用过程的复杂性有关。在法律应用过程中,事实与法律都是为达成一定利益的论证的需要而截取出来的,但是,一些打工者缺乏这种截取表达能力,寻求法律帮助困难重重,就直接采用跳楼讨钱这种铤而走险的方法。

加拿大社会心理学家伊格尔·格罗斯曼做一个对比研究。一是让受试者想象,如果自己的男朋友或者女朋友出轨了,这些受试者纷纷冲动地表示马上分手。二是把问题改为——如果你的好朋友的男朋友或者女朋友出轨了,你怎么给他们提供建议。结果发现受试者表现出很高的智慧水平,并不是马上做决策,而是试图进一步了解这件事发生的背景,在决策方面也不是一味主张分手,而是建议好朋友考虑是否有妥协可能性以及注意分手带来的结果等。丁某和邓某讨薪过程中的鲁莽行为的另一个重要原因就是他们是直接利益相关者,面对问题直接来了情绪,冲动之下就做了错误的决策。

丁某和邓某跳楼讨钱是法律应用的失败案例,为什么失败呢?从利益维度来看,主要有两个原因:一是缺乏将利益诉求转化为法律主张的表达能力,不懂得根据利益诉求讲事实、用法律,这是认知方面的缺陷;二是情绪控制能力的缺陷,如果是他们的好朋友而不是他们自己被欠薪,或许他们会提出更理智的应对办法,但是,因为事情发生在自己身上,就冲动起来,一怒之下采取了不理智的行为。对利益的感知必然引发情绪,这就必须懂得用理智来控制。

为什么不能成功地应用法律呢?有时候跟利益诉求不明确有关。在真实世界,法律应用虽然有明确的目标——利益,但是,你的利益经常是变动的,有时甚至自己也不清楚自己到底想要什么。在离婚案件中，一些当事人的利益诉求就很不明确，要不要离婚，要不要孩子，要房子还要现金，一直在左右徘徊。在合同纠纷案件，有些当事人一会儿想解除合同，一会儿又想继续履行，一会儿想继续保持合作关系适当妥协，一会儿又想得到高额赔偿。没有人能告诉你利益是什么，有时这些问题在你心中早已有肯定的答案，有时则需要你进一步厘清，否则你可能因为左右徘徊输掉官司或者未能如愿。在类似上述用人单位拖欠工资的纠纷中，你首先得明确是想继续保住这份工作还是跳槽。如果想要保住工作，那么优先的措施应该是与用人单位协商或者寻求政府部门帮助，当然不要大摇大摆地去劳动部门举报，你可以在收集相关证据的基础上以匿名的方式向劳动部门举报；如果你想跳槽，这是很好的机会，法律规定劳动者在用人单位无故拖欠工资时有权解除劳动合同，且用人单位还要向劳动者支付经济补偿金，你不仅可以要求得到被拖欠的工资，而且可以要到经济补偿金。

为什么不能成功地应用法律呢？也可能是因为缺乏相应的成本意识。在江苏省淮安市的一起电动车与自行车相撞纠纷中，原告起诉要求赔偿 500 万元，其中包括两个女儿的出国留学费用。最后，法院支持了原告 8600 余元的诉讼请求，但原告应该向法院交纳诉讼费用 26，000 多元，结果原告倒贴 18，000 余元。想成功地应用法律，要有明确的利益诉求，但也要注意核算由此而来的成本。一般来说，只有法律诉讼的预期价值大于起诉成本，你才有起诉的必要。首先，你需要付出时间和精力。其次，如果请律师，你还要支付律师费。最后，如果官司输了，你还要负担诉讼费用。在前述诉讼中，原告一开口就要 500 万元，结果法院只支持 8600 余元，因此原告要承担大部分诉讼费用。

由于打官司需要耗费成本，对方当事人有时会故意提高法律成本来给你增添麻烦。“当事实对你有利时，多强调事实；当法律对你有利时，多强调法律。”这是一句法律格言。知乎作者 Raymond Wang 在其文章《普通人突然遭遇法律问题时，怎样做才不至于被动？》还指出了第三招：“当事实和法律都对你不利时，敲桌子把事情搅浑。”有些人会“敲桌子把事情搅浑”提高对手成本，迫使对手让步，所以，要注意做好应对，避免因为成本提高而使法律应用失败。很多劳动者在讨薪过程中出现某些极端行为，有时候就是因为用人单位故意抬高成本。其实，法律对故意抬高成本的行为也有种种限制，关键是要做好预判和应对。最高人民法院《关于进一步推进案件繁简分流优化司法资源配置的若干意见》第 22 条规定：当事人存在滥用诉讼权利、拖延承担诉讼义务等明显不当行为，造成诉讼对方或第三人直接损失的，人民法院可以根据具体情况对无过错方依法提出的赔偿合理的律师费用等正当要求予以支持。对方故意抬高成本，可以依法律规定要求其赔偿合理的律师费用。

为什么不能成功地应用法律呢？还可能因为我们的利益视角太狭隘。法律的应用过程自然会有利益的介入，不过，我们还须以更开阔的视角认识利益：不仅要考虑一时的利益，还要考虑长远利益；不仅要考虑自己的私人利益，还要考虑社会的公共利益。有的劳动者对用人单位拖欠工资的行为忍气吞声、打掉牙齿往肚子里咽，有可能就是因为只考虑自己的利益，如果关注到整个社会的利益，那么，就可能有动力去举报或者通过诉讼惩罚那些违法的用人单位。

为什么不能成功地应用法律呢？有时则是因为没有考虑法官的利益。戈尔丁曾说：程序公正本身就包含了这样一个前提，即案件的裁判中不含有裁判者个人的利益，法官也不得借裁判案件谋取任何私利；否则，他就不再是一个法官了。法官常常被视为法律的“化身”和“代言人”，不过，你可不要以为法官的利益就只是公正地适用法律，虽然公正是首要价值，但法官除了追求公正外，也追求效率。因为法官很忙，他们要处理的案件很多，而且迟来的正义非正义，案件本身也有审理期限的要求。明明自己有理，可到了法院，就稀里糊涂地输了官司，一部分人因此怀疑法官的公正性，其实是因为他们自己没有掌握效率的要求：(1)迟延举证，该举证的时候没举证；(2)迟延交费，原告不按时预交诉讼费，法院就会按自动撤诉处理，申请诉讼保全，不按时交纳保全费，法院将不会采取保全措施；(3)迟延出庭，原告不能按时到庭，起诉将会被视为自动撤诉，被告不按时到庭，将承担缺席审理甚至举证不能的后果；(4)巨细靡遗地陈述事实或诉求，不是所有事实都是法律事实，不是所有的诉求都是法律诉求，有的当事人只管将事实和诉求巨细靡遗地向法官诉说，导致法官在有限时间内无法准确掌握案情和诉求。

法官追求公正，与此同时，法院也需要通过种种考核来促使法官追求公正，从这个意义上来讲，法院的考核指标也是法官利益所在。案件虽然是二审终审，但是，你不要因此就不重视一审了，自以为二审再翻盘也不迟，其实二审翻盘的概率并不高，因为“判决在二审不会被改判或发回重审”是对一审法官的一个重要考核指标。外人理解的公正可以不掺杂其他利益考量，但法官经常是背着考核指标来理解公正，他们会考虑错案责任追究，考虑社会稳定以及大局意识等。例如，“4·14”聊城于欢案，虽然社会上主张无罪呼声非常强烈，但是，二审若以正当防卫之故改判于欢无罪，与法院惯常处理正当防卫事项的做法有明显差距，恐有损司法权威，也不利于社会稳定。从法官的立场来看，以“防卫过当”判决更能实现法律效果和社会效果的统一。

法官追求公正，公正是指法官处于一个客观的地位，一些当事人却不懂得公正的这一层含义，寄希望法官能帮助自己发现事实，“拨云雾而睹青天”。法官超出法律允许的范围介入收集证据反而是不公正的，一些当事人对此并不清楚，自己没有很好举证或者举证不着重点却怪法官不公正。一些人喜欢用“品格证据”，他们认为某人品格不好，所以他做事就不对，但这并不是法官公正裁决案件的逻辑，公正不是道德审判，而是法律裁判，重点是就事论事，但很多人不知道。

微课8
将房产直接登记在未成年子女名下的利益评估

如今越来越多的父母选择将房屋登记在未成年子女的名下，从实际过程来看，这只需要简单的程序。父母作为未成年子女的法定代理人有权为其办理购买房产事宜。如果是购买一手房，在签订正式购房合同时，父母必须提供未成年子女的户口簿、父母本人身份证、监护人证明书等相关材料，才能为未成年子女签约。如果是购买二手房，父母帮助未成年子女办理过户，除了按正常的房屋交易登记程序提交材料外，还必须额外提交一些材料，包括子女的户口簿或出生证、父母本人身份证、监护人证明书等材料。备齐所有材料后，父母就可以到房地产交易中心办理房屋过户手续，将该房产过户到未成年子女名下。

不过，回到真实世界，一旦我们引入利益选项，将房产直接登记在未成年子女名下就不再单纯是法律程序问题，它可能给我们带来实实在在的利益，也存在相应的法律风险。为什么将房产直接登记在未成年子女名下呢？多数人的想法比较简单，既然房屋最终都是要给子女的，早晚都要登记到子女名下，不如提前登记到他们名下，免去日后一些不必要的麻烦。这显然只是朴素的想法，缺乏成熟的法律思考。从法律角度来看，我们必须结合房产本身的功用和家庭关系可能发生的种种变化，进行必要的利益评估。

按照中国人的传统习惯，房产大多数最终是要给孩子的。将房子过户到孩子名下，可以通过遗嘱继承、法定继承、遗赠、赠与或者买卖等方式。相较于直接将房子登记在未成年子女名下，这些方式既要承担一定税费，也有可能出现一些意外纠纷。以遗嘱继承为例，遗嘱是遗嘱人死亡时才开始发生法律效力的单方民事法律行为，在遗嘱发生效力之前，遗嘱人可以随时变更或重新订立遗嘱，凭遗嘱继承房子常常还要证明是否为最后所立的遗嘱或者最后所立的公证遗嘱。

将房子过户到孩子名下，还可以避免给孩子的房子被其配偶分割。虽然房产最终是要给孩子，但婚前婚后还有所不同，婚后给，离婚时有可能被孩子的配偶分割。

给子女显然不是房产的唯一功用所在，对“将房产直接登记在未成年子女名下”进行利益评估，还必须全面考量房产的其他各种功用和家庭关系可能发生的种种变化。

房产是最重要的家庭财产之一。将房产直接登记在未成年子女名下可作为家庭财产安排的一种方式，为自己和孩子都留条后路。这对于一些从事商业经营活动的家庭来讲很有必要。以孩子名义购置房产，如果面临生意失败、资不抵债等风险，还能给自己保留一部分东山再起的资本，为自己和孩子都留条后路。不过，这样的行为等于将自己财产向未成年子女转移，使承担债务的财产减少，有可能被认定为一种为逃避债务先行转移财产的财产混同行为，这样的话，该套房屋将被追加执行。最高人民法院《关于依法制裁规避执行行为的若干意见》第20条规定：有充分证据证明被执行人通过离婚析产、不依法清算、改制重组、关联交易、财产混同等方式恶意转移财产规避执行的，执行法院可以通过依法变更追加被执行人或者告知申请执行人通过诉讼程序追回被转移的财产。因此，如果要达到孩子名下财产免于被执行的目的，还须在商业经营活动中保证个人财产、家庭财产与公司财产之间的独立性。

当出现个人财产危机，将房产直接登记在未成年子女名下可以为自己和孩子都留条后路。当夫妻感情出现危机，有些夫妻也会出于对子女的爱护，协商将房产登记在子女名下，承担孩子抚养义务的一方可以与孩子共同居住。

将房子登记在孩子名下，有上面所述的一些好处，不过，这样的安排也存在不少风险隐患。

父母可以替孩子买房子，但不能随便处置孩子名下的房子。父母出资购房，把房产登记在子女名下，除特殊情况外，一般就意味着父母把这套房赠与了子女，只有子女才对这套房子拥有所有权。如果需要出售或抵押贷款，则首先要取得监护人的签名文件，确认其监护人资格，然后签署保证书，确认出售孩子房产是为了孩子的利益（比如孩子求学或者罹患重大疾病等重大事项的需要），出售房产所得款项应全部用于抚养未成年人。否则，日后孩子一旦提出异议，认为父母侵犯其合法权益，父母还要承担赔偿责任。

如果夫妻双方婚姻破裂，就涉及财产分割问题，登记在孩子名下的房产是不可被分割的，即使是夫妻双方共同出资购买的。因为从法律角度来说，如无特殊约定，该房产属于孩子，只是由获得孩子抚养权的监护人代为管理。

如果父母年老，子女成年后不履行赡养父母的义务，父母想收回房屋也将会面临很大的法律障碍。孩子成年后，在未经父母同意的情况下，自行将房产抵押出售，这些行为也可能会给父母的居住、养老造成严重影响。

孩子在婚后不幸去世，其配偶、孩子和父母同为第一顺序继承人，有权继承逝者的所有财产，包括婚前财产。这意味着孩子名下的房产也将被作为遗产分割和继承。

微课 9
签名、盖章、捺手印各有什么问题？
——结合对手视角进行利益分析

办理很多事务都需要签名、盖章、捺手印，这些都是对你意思的一种确认。在当事人没有特别约定的情况下，签名、盖章、捺手印具有同等法律效力，但是，一旦引入对手视角进行利益分析，这三者还是有所区别的。

第一，签名。在现实生活中，姓名是一个人意志与人格的形式表现。签名不只是一个简单的动作，签名就意味着认可，可能意味着一种法律关系的建立。不要随便签名，特别是在空白的纸上，签在空白纸上虽然没有任何意思表示，但是对手可能会以此做手脚，例如，在签名上方加上了借条内容。对于他人的签名也要注意，说不定他会要出什么花招来，你要把他当成对手，注意防范风险。有人除了身份证上的法定姓名外，可能还有多个供他人称呼的名字，比如小名、乳名、别名、曾用名等，使用法定姓名之外的名字很容易引起争议，一旦对方不承认，你还需进一步证明名字与行为人等同。现在社会流行艺术签名，对于一个识别不出字眼的签名，一旦有了纠纷，对方可能否认是他的签名，签名清晰可识别这一点一定要注意。签名的笔也很重要，铅笔不容易保存而且还可能被涂改，马克笔、水彩笔等笔尖较软的笔，用笔可能无法反映书写人的笔力运用和细微笔画的书写习惯，在笔迹鉴定时难以进行认定。

在签名问题上，还要仔细辨别法定代表人签名的法律意义。法人的法定代表人是依法代表法人行使民事权利、履行民事义务的主要负责人。法定代表人有权在法律规定的职权范围内，直接代表法人对外行使职权，其行为属于职务行为，视为法人行为。你必须明确签名人的身份，究竟是作为法定代表人签名，还是代表其个人签名，抑或二者兼具，避免产生纠纷。反之，如果你是法定代表人，就要明确以什么身份签字，否则可能要承担不必要的法律责任，因为签字问题被迫承担原本可以不属于自己的巨额债务的现象并不罕见。

罗某是A公司的法定代表人。周某是A公司的客户，彼此有业务交往。罗某向周某借款，并出具《借条》一张，借条内容为："现因业务发展需要，借周某人民币100万元整，借款时间为六个月，此据。"在该份借条上，罗某签名在上方，A公司盖章在下方。借款到期后，A公司未能及时归还本金及利息，周某向法院起诉，将罗某与A公司作为共同被告告上法庭。被告罗某在庭审中提出，他是公司法定代表人，在借条上的签字是职务行为，周某不应将他本人作为被告起诉，该笔借款应由A公司承担。周某认为罗某作为法定代表人，在借条上签字时应尽到谨慎的注意义务，明确标明法定代表人身份，且罗某的签字与A公司的盖章并行，有理由相信是罗某与A公司共同借款。最后法院认定A公司和罗某为共同借款人。法定代表人代表法人行使职权，以法人名义对外作出的行为应由法人承担。如果没有明确标明以法人名义行为，你作为法定代表人可能就要自己承担责任了。

对于法定代表人的签字，还要注意——并不是法定代表人以法人名义签名都具有代表法人的效力。我国《民法典》第504条规定："法人的法定代表人或者非法人组织的负责人超越权限订立的合同，除相对人知道或者应当知道其超越权限外，该代表行为有效，订立的合同对法人或者非法人组织发生效力。"根据这一规定，在相对人知道或者应当知道法定代表人超越权限的情况下，法定代表人的代表行为效力待定，责任不一定会由法人承担。

第二，盖章。对于法人来说，公章是法人权利的象征，依法刻制的公章或专用章是法人经有关机关登记备案确认的，是法人处理内外部事务的印鉴。公章是能够证明和记录法人身份、权利义务关系、业务活动或者有关事实的凭证。故在订立合同时，除非当事人对合同生效的条件有特殊约定或法律、法规有特别规定，公章的效力具有绝对性，只要盖了有登记备案的法人公章，即使没有法定代表人或法定代表人授权的人签章，合同同样生效。但是，私章就有风险了，有的私章没有经过有关部门的备案登记，因此不具有公信力；私章与人分离，盖下的私章是否代表本人的意思难以确定，不像签名可以通过个人笔迹鉴定；私章容易伪造，当事人可能因此主张印章完全与自己无关。

虽然公章能代表法人，但是，在订立某些重大合同时，有些当事人会特别要求本合同自签字并盖章之日起生效，这其中一个重要考虑是公章可能存在伪造或私刻问题。

企业的公章有可能被他人伪造。伪造企业印章的个人，应当承担相应的刑事责任，不过，企业本身如果有过错也要承担相应的责任。最高人民法院《关于在审理经济纠纷案件中涉及经济犯罪嫌疑若干问题的规定》第5条规定："行为人盗窃、盗用单位的公章、业务介绍信、盖有公章的空白合同书，或者私刻单位的公章签订经济合同，骗取财物归个人占有、使用、处分或者进行其他犯罪活动构成犯罪的，单位对行为人该犯罪行为所造成的经济损失不承担民事责任。行为人私刻单位公章或者擅自使用单位公章、业务介绍信、盖有公章的空白合同书以签订经济合同的方法进行的犯罪行为，单位有明显过错，且该过错行为与被害人的经济损失之间具有因果关系的，单位对该犯罪行为所造成的经济损失，依法应当承担赔偿责任。”

企业的公章被他人伪造还可能产生表见代理问题。如果与其签订合同的第三方完全有理由相信该行为人是在代表企业从事活动，则该行为人的行为构成表见代理，企业必须为其伪造公章签订合同的行为承担民事责任。

依法成立的法人或其他组织均有登记备案的公章，经登记备案的公章对外具有公示效力，因此，法人或者其他组织在对外签订合同时采用盖章的形式，而所盖公章应与其登记备案的公章一致。一般而言，企业的公章使用和管理都比较严格，只会使用登记备案的公章。为便于交易，一些企业也会同时使用一些没有经过登记备案的公章，例如没有登记备案的“合同专用章”“财务专用章”等。这些印章就容易产生争议，企业本身或者合同相对方都有可能以非登记备案的公章为由否认达成合意成立了合同关系。这样，应由主张合同关系成立的一方当事人承担举证责任，该方当事人应当举证证明该枚非登记备案公章为企业提供以及盖章的行为为企业所为。在司法实践中，如果对方提出公章不是出自其企业，主张合同未成立，就应当积极地针对该枚公章曾经被有效使用过的事实进行举证。一般只要找到该枚公章被企业在银行、社保等机构使用过，法院会酌情认可该枚公章的有效性。如果无法提供或担心这方面证据的证明力不足，可以进一步提供合同磋商、缔约人员、履约情况等方面的证据，法院也有可能据此认定双方合同成立。

第三，捺手印。《民法典》第490条第1款规定："当事人采用合同书形式订立合同的，自当事人均签名、盖章或者按指印时合同成立。在签名、盖章或者按指印之前，当事人一方已经履行主要义务，对方接受时，该合同成立。"每个人的指纹具有绝对唯一性，捺手印可在明确身份这一点做到"毋庸置疑"，但是，并非没有风险。手印需要借助高科技才能识别。一旦产生纠纷，对方也可能说，这指纹不是本人的真实意志表达，是被强制摁他的手而捺的手印。捺手印不易体现个人的自由意志，刑讯逼供、屈打成招的最后一步就是人的手印被"捺"在罪状上。在法律事务上，最为慎重的选择就是签名与捺手印的结合。签名是个人自然的书写流露，是个人真实意思的体现，捺手印有唯一性，二者互取其长、互补其短，是规避风险的办法。

微课 10
撞伤不如撞死?

“交通肇事，撞伤不如撞死”这种说法长期以来一直在一些司机中流传。更有评论认为“撞伤”之后再选择“撞死”，是一个人在经过一番“成本比较”之后做出的适当选择。

药家鑫，西安音乐学院大三学生。2010年10月20日23时许，药家鑫驾驶红色雪佛兰小轿车从西安外国语大学长安校区送完女朋友返回市区，当行驶至西北大学长安校区外西北角学府大道时，撞上前方同向骑电动车的张某，后药家鑫下车查看，发现张某倒地呻吟，因怕张某看到其车牌号，以后找麻烦，便产生杀人灭口之恶念，遂从随身携带的包内取出一把尖刀，上前对倒地的被害人张某连捅数刀，致张某当场死亡。后来，药家鑫被判处死刑。2011年6月7日上午，药家鑫被执行死刑，终年21周岁。

根据《刑法》第133条的规定，交通肇事罪，处3年以下有期徒刑或者拘役；交通运输肇事后逃逸或者有其他特别恶劣情节的，处3年以上7年以下有期徒刑；因逃逸致人死亡的，处7年以上有期徒刑。将人撞伤后二次将人撞死或恶意伤人致死，即由交通肇事的过失犯罪转化为故意犯罪，构成故意杀人罪，并且主观恶性特别大，社会影响极坏，肇事者通常都会被判重刑，处死刑、无期徒刑或者10年以上有期徒刑，极有可能被判处死刑。“撞死惨于撞伤”，药家鑫就是一个典型的例子。

从民事赔偿角度来看，“撞伤”比“撞死”赔偿金高一般只出现在那些脑瘫、植物人等高伤残的交通事故中。如果是一般的伤情，其赔偿费用则低于致人死亡的赔偿费用。伤一个人确实可能比撞死一个人赔偿更多，但只存于某种理论上的极端情况下。现实生活中，有交强险专门用于车祸赔偿，许多车主又选购了商业第三者责任保险作为补充，即使遇到“撞伤赔付高于撞死”的极端情况，也能通过保险机制来赔付。

“撞伤”不如“撞死”，是对相关法律的误读，既是对法律的曲解，也是一种可怕的思想观念，不仅害人而且害己。即使在某些极端情况下“撞伤”比“撞死”赔偿金高，“撞伤不如撞死”的前提也必须是驾驶者能随意控制后果并不被认出，显然，这是铤而走险的搏命行为。“谎言重复千遍就是真理”，“撞伤不如撞死”这种思想蔓延下去，带来的不仅是对生命的亵渎，更是整个社会的道德滑坡。本来大多数人并没有多少法律知识进行利益衡量，在发生交通事故的当下，不可能瞬间作出“撞伤不如撞死”的利益判断，但是，如果听信“撞伤不如撞死”的社会传言，就有可能作出错误的判断，“捡了芝麻丢了西瓜”，害人又害己，为此付出一生都无法挽回的沉重代价。

不过，要根治“撞伤不如撞死”，让悲剧不再重演，还必须多管齐下，综合治理。例如，提高交通事故死亡赔偿金，提高肇事逃逸案件的侦破率，对恶意二次碾轧致人死亡的肇事者严格执法，进一步完善保险制度，加强法治教育以普及法律常识，击破“撞伤不如撞死”的传言。

微课 11
风险的忽略与厌恶
——以假离婚为例

假婚姻，是利益衡量下的一种抉择，有的是为了获得购买房屋的资格，有的是为了逃避之前的计划生育政策，有的是为了获得拆迁款或者安置房，有的是为了逃避债务或者税收，还有的是为了办理出国手续更加方便。不过，法律上并不存在“假离婚”，1994 年之后的事实婚姻亦不为法律所承认，婚姻状况以民政部门登记为准，并不是由当事人是否有感情关系、是否生活在一起决定的。婚姻登记具有公示公信的效力，法律无从得知一个人内心真实的意思表示，只能从人的外部行为来确定法律关系的性质，只要办理了离婚登记，假离婚与真离婚对外的法律后果通常都是一样的。在真实世界，很多人知道不能死套法律，要进行利益衡量，但是却常常因为被利益冲昏头脑，忘记了风险。假离婚其实存在巨大的风险。

风险一：离婚协议书有效，人财两空

根据《婚姻登记条例》第 11 条的规定，办理离婚登记应当出具下列证件和证明材料：(1) 本人的户口簿、身份证；(2) 本人的结婚证；(3) 双方当事人共同签署的离婚协议书。假离婚最大的风险在于离婚协议书。离婚协议书必须“对子女和财产问题已有适当处理”。其中，子女问题适当处理，包括未成年人子女由何方承担监护责任、子女的抚养费和教育费如何承担、子女的姓氏是否改变等。

财产问题，包括共同财产合理的分割与处理、对共同债务的分担、对住房的分配、对生活困难方的经济帮助等内容。这些条件都是离婚协议书所应当包含的内容。当假离婚变成真离婚，或者重新复婚后双方约定财产，抑或复婚以后再离婚，如果一方拿出假离婚的离婚协议书，另一方主张这份离婚协议书并非真实意思表示要求撤销，必然就会出现争议。法院一般都会认可"假离婚的离婚协议书"合法有效，因为双方的离婚已经履行了相关程序，就具备法律效力。即使当事人存在假意离婚，离婚协议书以及离婚登记也已经实际生效了。这样，在"假离婚的离婚协议书"中吃亏的一方就只能"哑巴吃黄连"了。有的人为买房净身出户，结果弄假成真，一无所有。因为离婚协议书已经将房子和孩子给了另一方。有的躲债净身出户，后来两人关系恶化变成真离婚，净身出户者变成人财两空。有的虽然双方依约复婚了，但是，前一段婚姻法律关系解除时，归属于一方的财产，复婚时已作为一方的婚前财产，而不再是夫妻双方的共同财产，复婚前购置的财产，也不属于夫妻共同财产，这些对另一方而言可能都会产生巨大的不公平感。

风险二：假离婚被识破，枉费折腾又违法

各地拆迁安置的政策不一，有些人为了多拿补偿款，不择手段到当地民政部门办理假离婚手续，结果被相关部门认定是为了多拿补偿款而缔结或解除婚姻，枉费折腾，不仅目的落空，还成为街坊邻居的笑话。而对于逃避债务的假离婚，一旦被识破，法院自然会以"合法形式掩盖非法目的"为由判决该离婚协议中的财产分割约定无效，也是枉费折腾，严重的甚至可能构成犯罪。《民事诉讼法》第 115 条第 1 款规定，"当事人之间恶意串通，企图通过诉讼、调解等方式侵害国家利益、社会公共利益或者他人合法权益的，人民法院应当驳回其请求，并根据情节轻重予以罚款、拘留；构成犯罪的，依法追究刑事责任。”如果假离婚是为了逃避房产税收，则有可能涉嫌逃税，会受到相应的行政处罚，数额较大的，甚至可能受到刑事处罚。

2018 年 2 月 26 日，国家发展改革委、人民银行、民政部等 31 个部门联合印发了《关于对婚姻登记严重失信当事人开展联合惩戒的合作备忘录》，联合惩戒对象为婚姻登记严重失信当事人，主要包括以下情况：一是使用伪造、变造或者冒用他人身份证件、户口簿、无配偶证明及其他证件、证明材料的；二是作无配偶、无直系亲属关系、无三代以内旁系血亲等虚假声明的；三是故意隐瞒对方无民事行为能力或限制民事行为能力状况，严重损害对方合法权益的；四是其他严重违反《婚姻法》（已失效，对应《民法典》第五编“婚姻家庭”相关条文）和《婚姻登记条例》行为的。如果假离婚涉及以上问题，在个人招聘录用、从业资格、职务晋升、评先评优、企业审批认证、融资授信、补贴性资金支持等多个领域都会受影响。

风险三：徒生不安全感，遭人耻笑

虽然夫妻合意假离婚，但是一旦办理了离婚登记手续即产生真离婚的法律后果：双方均取得再婚的权利，也均丧失了配偶权利（如相互的继承权、要求对方扶养的权利、因对方不履行忠实义务的损害赔偿权及要求多分财产的权利）。时间一长，必定给家人带来不安全感。这种不安全感不仅是法律上的，也是道德上的。用假离婚换取物质的满足，是对道德观念的破坏，如此不堪的行为必遭世人耻笑。

假离婚属于被利益冲昏头脑而忘记风险的行为，不过，对法律思维而言，需要警惕的不仅是忽略风险，而且是厌恶风险。“法学院永远地对法学院学生的大脑产生了损害”，这是知乎上曾经打动过我的一句话。作者 Zhang Leslie 引用这句话想说明一个问题——法律思维经常让我们成为一名风险厌恶者。有太多游离于法律灰色地带的问题，仅从法律角度去看待问题，法律思维会告诉我们说“不”。事实上，除非不做事，否则，你是离不开法律的灰色地带。面对灰色地带，你不能只是说“不”。在书本里说“不”没有代价，但实践中说“不”则会带来实实在在的利益减损。在现实生活中，很少存在“绝对不行”问题，是否选择行动必须站在比法律更广的维度上去看待，法律思维的任务不是简单说“不”，而是告知风险同时给出解决方案。

Zhang Leslie 在其文章《如何成为一名优秀的公司法务》中举了一个并购业务的例子。事前在做尽职调查的时候，发现有很大一块资产在私有化的过程中带有原罪，如果直接买过来必然有风险。在这种情况下，一个好的法务不是说“不”，而是在充分告知风险的同时给出解决方案，例如要求对方增加担保，或者设置风险控制机制。

在假离婚的问题上，一个好的建议是说“不”，但也不能只是说“不”，面对一些已经假离婚和执意假离婚者，你还可以从法律角度为他提供一些防范风险的建议：一是离婚协议要尽可能公平，这样即使“假戏成真”，也不至于人财两空；二是建议签订书面的补充协议，明确记载假离婚的目的、民政局备案的离婚协议书的效力、离婚后购置财产和收入的权属、一方离婚后不复婚的法律责任等，这份补充协议不一定完全有效，但也可以起到一定的制约作用，并可作为证据；三是注意保存相关证据，最高人民法院《关于适用〈中华人民共和国民法典〉婚姻家庭编的解释（一）》第 70 条规定：“夫妻双方协议离婚后就财产分割问题反悔，请求撤销财产分割协议的，人民法院应当受理。人民法院审理后，未发现订立财产分割协议时存在欺诈、胁迫等情形的，应当依法驳回当事人的诉讼请求。”如在离婚过程中存在欺诈、胁迫等情形的，应注意保留相关证据，并在离婚后 1 年内请求撤销财产分割协议。

微课 12
走在斑马线上是安全的?

斑马线，由多条平行白色实线组成，因类似于斑马的条纹，故而被称为斑马线。它的作用是引导行人安全地过马路。“走在斑马线上是安全的”，是一句劝导人们遵守交通规则的宣传口号。《道路交通安全法》第 47 条规定：“机动车行经人行横道时，应当减速行驶；遇行人正在通过人行横道，应当停车让行。机动车行经没有交通信号的道路时，遇行人横过道路，应当避让。”但法律不是一个人的事情，你的安全，前提是他人都遵守法律。据公安部交管局 2017 年 6 月 17 日公布的数据，近三年来全国共在斑马线上发生机动车与行人的交通事故 1.4 万起，造成 3898 人死亡，死亡人数占事故总数高达 27.84%，其中机动车未按规定让行而导致的事故占总量的 90%。

你拥有过路权，并不意味着你的安全。走在斑马线上也会不安全，这是一个客观事实，那么，“走在斑马线上是安全的”这一宣传口号又应该如何理解呢？这需要引入利益维度进行分析。

安全是一种利益，这意味着它必然付出成本。天下没有免费的午餐，你在斑马线上的安全，意味着国家、他人必须付出相应的成本。法律转化为现实需要付出相应的成本，强化对机动车不礼让斑马线的交通违法行为的整治可以在一定程度上提高安全性，但是，一个国家所能耗费的交通整治资源是有限的。从这个意义上来讲，“走在斑马线上是安全的”只能是一种法治理想，它不可能完全实现，毕竟一个社会的资源是有限的。

走在斑马线上不安全，它意味着守法的人反而不安全。法治是一种许诺，走在斑马线上应该是安全的。斑马线成为“死亡线”，“死因”却是对法律的信赖，这是法治的悲哀。悲哀归悲哀，“安全的斑马线”也只能尽力争取而不可能绝对实现，一方面，需要国家提升治理效率，打造“安全的斑马线”；另一方面，每一个行人也要自己留心一点。

有这样一个笑话：某人和学法律的人走在一起，学法律的人让他过马路要走斑马线，他问为什么，学法律的人告诉他，走斑马线被撞死的话赔的钱多。

不存在一个能消除一切风险的社会，你没有办法将风险降为零，法律也没有办法将风险降为零，走斑马线不是不会被撞死，而是赔的钱多。法律的好处在于可以将风险降到更低，因为在斑马线撞到他人要赔钱，这样就可以减少不被撞的风险。法律本身只是一种规则，并不是现实，被撞风险不会因为法律的存在而消失，只会减少。走斑马线有被撞死的可能，这一点令人悲哀，赔再多的钱也无法弥补死亡的损失，但是，问题是不走斑马线被撞死的概率更高，而且通常赔得更少。没有绝对的安全，“走在斑马线上是安全的”只是一种更高概率的安全，一是生命安全概率更高，二是财产安全概率更高，可能得到更多的赔偿。

人们为什么会直觉地认为“走在斑马线上是安全的”？这一点同样可以从利益角度进行分析。从个人角度来看，当一个人只看到《道路交通安全法》的规定，他会倾向于认为“走在斑马线上是安全的”，因为人们的直觉经常是只看到法条的利益而忽略其背后的成本。从社会角度来看，为了施行法治，社会总是有意无意地夸大法律的价值，忽略法律本身的局限和施行法律的成本限制，通过强调“走在斑马线上”的安全性，构造一种似乎绝对安全的感觉来让人们遵守法律。

如何保障自身走在斑马线上是安全的呢？这还须从对手的角度加以把握。礼让斑马线，反映的是对生命的尊重，体现的是对法律的敬畏，但并不意味着机动车驾驶人在生活中都会礼让斑马线。法律是一种众人之事，你遵守法律并不代表你能安全，还需要别人遵守法律。在纠纷的对抗中，你要看到对方怎么出牌；在遵守法律的实践中，你也要看别人是怎么对待法律的，国家是怎么对待法律的。尽管权利受到侵害之后，你可以得到补救，但是，这补救毕竟是事后的，并不能完全填补你的损失。一个懂法的人不仅要守法，更要看到对方违法的可能以及对方违法对自己的冲击。

本讲小结

利益考量如何为好?

电影,《老炮儿》。

张队(城管队长)要抢灯罩儿的三轮车。

灯罩儿护住,因着急变得语无伦次:我明天,明天……这是我们家饭碗啊!

张队:松开。

灯罩儿:你砸我们家饭碗,我跟你拼了。

灯罩儿将张队推开,张队走过去给了灯罩儿一个清脆的巴掌声。

周围的人发出议论声,其他几个城管过来阻止那些人拍照。

有法必依,执法必严,违法必究,这是法律给的答案。在很多人看来,执法只是一个严格的问题,其实,执法是一个互动的过程,是一个处理不满、纠纷、冒犯等纷争的过程。执法对象必然带有不满、抗争等情绪,作为执法者的张队对此必须有预判。

马克思说过:“人们奋斗所争取的一切,都和他们利益有关。”[1]法律应用是在网状的利益格局中展开的,既要考量自己的利益也要考虑合作伙伴和对手的利益,既要考量今天的利益也要考虑未来的利益,既要考虑风险又不能在风险面前止步不前。在这个网状格局

〔1〕《马克思恩格斯选集》(第一卷),人民出版社1995年版,第261页。

中，优先要明确的是法律所代表的普遍利益，也就是说，所有的利益考量需要在合法的框架下进行。下面尝试分析利益考量的基本步骤。

第一，要避免因利益引发的情绪冲动破坏了理性判断。微课7“跳楼讨钱”，微课11“假离婚”，以及前述场景中的灯罩儿和张队，都存在这种情形。对利益的感知会引发情绪，这就必须懂得用理智来控制。“高铁霸座男”事件，霸占他人座位不肯起身的主人公是个博士，如果你问他是个人形象和声誉重要还是一个座位重要，他一定会认为形象和声誉重要，可是在高铁上那一刻，他的情绪战胜了理智。〔1〕情绪会影响一个人对利益的正确判断，法律应用者得提醒自己不能被情绪所劫持，必须理智地看待问题，同时，还得注意缓和对方的情绪。〔2〕

第二，适当的取舍，避免因小失大。所有的法律运作都可理解为达成一定利益，这要求你需要适当地认定事实、运用法律以达成利益，更重要的是你要有一定的格局，懂得选择适当的利益目标，因为任何一项利益的追求都必须舍弃另外一项利益。所谓格局就是搞清楚——你现在有什么，你应该要什么，你愿意放弃什么。微课1提到李雪莲十多年的告状路，她执拗于洗清“我不是潘金莲”，结果自己也为此付出了青春以及其他更令人向往的利益。本讲微课涉及法律应用失败的案例大体也都存在因小失大的问题。李雪莲告状因小失大固然是笑话，不过，在处理其他事情时，你也可能陷入类似李雪莲式的错误之中。人的欲望一旦生成，短时间内满脑袋充斥的就是这个欲望，而不会想到由此要付出的代价，这时候，你需要的是冷

〔1〕　万维钢：《博弈论究竟是什么》，新星出版社2020年版，第8页。
〔2〕　也有的人会挑逗和利用对方情绪以击败之，不过，这不是好的用法行为。

静，想想因此而来的代价，以及设想一下，再过一段时间还会执拗这个欲望吗？这个欲望真的很重要吗？

第三，引入“行动中的法”的思考维度。美国现实主义法学的代表人物卢埃林将法律区分为“书本上的法”和“行动中的法”。“书本上的法”是关于法律的书面表述，“行动中的法”是法院、行政机构和律师的具体行动和真实实践，“法律事务职责所在之人，无论是法官、治安官、法官助理、监狱官，还是律师，都属于法律官员。这些法律官员在处理纠纷时的所作所为，在我看来，就是法律本身。”〔1〕。对“行动中的法”的思考有助于了解处理法律事务的人们在利益驱动下的真实行动，以便作出更适当的决策。本讲微课中的用法建议都贯穿着这样的思考维度，不仅要关注法律指示的应然行为，更要关注人们实际上会怎样行动。

第四，清晰的决策衡量。决策可区分为程序性决策和非程序性决策。程序性决策是针对日常的、反复发生的例行问题的决策，对于这些问题，按照既定程序行动即可，无须衡量。非程序性决策是面对偶发的、新颖的和无先例可循问题的决策。这类问题解决的评价标准和可选择的行动手段通常是多元的。某一特定的手段可以达到某一特定的目的，实际上也会产生许多在此特定目的之外影响当事人利益的结果。这类决策的复杂性还在于：该手段能否成功实施存在不确定性、手段所造成的结果也存在不确定性。这类决策可结合期望效用函数模型加以判断。

期望效用函数的一个简化模型是：每个方案的期望值 =（结果 1 的价值 × 概率 + 结果 2 的价值 × 概率 +……）– 成本，其中各个概

〔1〕［美］卢埃林：《荆棘丛：关于法律与法学院的经典演讲》，明辉译，北京大学出版社 2017 年版，第 21 页。

率之和为100%。

一起损害赔偿纠纷。对方表示，如果和解私了愿意出10万元赔偿金，如果走诉讼程序则一分不赔。经过检索预估——此案如果起诉，诉讼成功的概率是60%，可能得到80万元赔偿，诉讼成本为20万元（已经考虑到全部诉讼与执行成本）；诉讼失败的概率是40%，诉讼成本为10万元。可应用期望效用函数模型作预估判断如下：

和解方案：$10\times100\%-0=10$ 万；

诉讼方案：$[80\times60\%+(-10\times40\%)]-20=24$ 万。

结论：诉讼方案期望值高于和解方案，所以应该选择诉讼方案。[1]

---

〔1〕　参见何力、常金光等：《合同起草与审查指南：三观四步法（民法典修订版）》，法律出版社2020年版，第28页。

第三讲 “潜规则”

真实世界经常就是这样，它会在书本理论上叠加一个意想不到的维度。第三个维度可以概括为“潜规则”。“潜规则”是相对于“明规则”而言的。它是指没有明文规定的，却又在某些人群中被广泛认同、实际起作用的一种规则。一些“潜规则”属于不法、不道德的“陋规”，这些规则背离了正义观念或法律明文规定，因此，不得不以隐蔽的形式存在。通过这种隐蔽形式，将正式互动拉入私下交易，凭借私下的规则替换，获取正式规则所不能提供的利益。一些“潜规则”则是可以用来弥补明规则之不足以更贴近实际，有其合理之处。有人主张既然合理，就应该让它公开化变成明规则，大家共同遵守，不要再“潜”下去，但是，由于人的理性和语言能力的局限性，有些规则就是只可意会而难以变成正式规则，合理的“潜规则”不可能人为地消灭。还有一些“潜规则”，合理与不合理兼有之，合理原本应该公开让大家遵守以达公平之效果，但是这些规则同时隐含着不合理，一旦公开则会冲击人与法律之间的信任体系。

真实世界的法律充满各种合理和不合理的“潜规则”。不合理的“潜规则”，你要规避它、对抗它、扼杀它，而合理的“潜规则”的“潜”本身就是一种生存策略，对于你来说，其重要性甚至高于某些正式法律规则，如果没有弄明白，你就无法玩转法律应用。

微课 13
法官很忙

案多人少，一些基层法院法官一年甚至需要办三四百件案子，除了开庭，还有开会、培训等各种事务性工作。而且，不少案件越来越难办，一个普通的离婚案件可能涉及股权争议、继承纠纷、家庭暴力等，法律关系环环相扣，证据材料真假难辨。很多法官一年当中大多数时间都处于一种心理高度紧张的状态，甚至连睡觉都会去想某个疑难案件该如何判决。

法官很忙，有时还因为他们不得不做一些通俗易懂的普法工作，否则，根本无法将庭审进行下去。法官问当事人“你是否申请回避”，一个没请律师的当事人可能根本不知道什么是回避，法官不得不花大量时间解释什么是回避。诸如此类，这样的事情在整个案件审理过程中还有很多，例如电影《我不是潘金莲》，在庭审现场，李雪莲说：“和秦玉河打官司，那个畜生怎么不到场，只来了一个律师哩？”王公道法官不得不向她解释：“律师可以代替当事人到庭。”

法官很忙，当然不是一项规则，但是，由此带来了诸多你在法律明文规定中看不到的“潜规则”。

法官很忙，你尽量避免通过提管辖异议、延期开庭之类的诉求来拖延时间，法官对这类东西反感的程度不比对方当事人轻，不是不得已不要轻易采用拖延战术。

法官很忙，没时间听你长篇大论。虽然法官会尽可能让你发言，但如果你发言过长，很多法官会失去耐心，表面上像是在听，实际上注意力早已转移。你的表达如果不着重点，或者罗列一堆缺乏证明力的无关证据，都有可能引起法官某些情绪。言简意赅，一语中的，是一名律师专业素养的体现。集中解决案件的核心事实和核心法律问题是很多律师的诉讼策略。作为普通的当事人，如果你做不到像律师那样，那至少也要注意厘清思路，清晰表达。法官注意力有限，事无巨细、面面俱到的表达有时反而将法官注意力引向一些无关紧要的小问题，不利于核心问题的解决。

法官很忙，如果你能在起诉状、答辩状、代理词等法律文书中准确引用法律条文，为法官指明自己的主张所依据的法律规定，就会大大方便法官理解你的主张，也为法官起草裁判文书引用法律条文提供便利，或许可以增加法官的好印象。不过，简单案件倒不一定要大段大段地引用条文，法官太熟悉了，你不引用法官也知道，引用了有时反而破坏了论述的连贯性，显得啰里啰嗦。

法官很忙，有时需要跟他们好好沟通才能赢得时间。起诉立案提出诉讼保全，如果法院能以最快的速度冻结对方的银行账号，就能有效防止被告转移钱财；反之，如果速度慢一些，让被告转移掉账户内的钱财，再追讨，程序上就麻烦了。

法官很忙，有一种说法是书记员更忙。在法庭上，书记员有繁忙的记录任务。有的当事人甚至律师，只顾自己讲话却不顾书记员的记录速度。庭审笔录非常重要，如果书记员没有跟上你的语速，有可能导致你的意见没有被很好地记录下来，会影响你的权益。法庭上的讲话要注意语速和停顿，等书记员打完字后再说下一句话，方便书记员记录。遇到金额、账号、时间、身份证号码，有时候还要适当重复强调，以便书记员准确记录。

案多人少，有时候普通程序的案件审理变成了“独任法官审理”，审判席上只有一名法官在审理，如果结果可能对你不利，一定要及时提出。

当事人及其诉讼代理人因客观原因不能自行收集的证据，可以申请人民法院调取证据，不过，法官很忙，在实际操作中，有时他们并没有实际行动，对此你要有充分的准备。

法官很忙，通知的开庭时间到了，法官却迟迟不到庭，不要因此以为你也可以迟到。原告开庭迟到，法官可按撤诉处理；被告应诉迟到，法官可按缺席判决。

法官很忙，因为他们有考核的压力。有时为了追求案件受理数量的考核要求，一些可以集体受理的案件，他们会要求你单独立案。为了结案率，年底立案往往很难，有时只能等到明年。

法官很忙，这导致有些法官态度不是很好，不要以为法官在故意帮对方当事人“卡”你。法律的底线就在那里，法官不敢公然违法。在当今反腐的高压态势之下，敢“吃喝卡要”的法官更是极少。相当一部分律师其实是在自己不擅长的领域处理法律事务，相对而言，法官大多是在自己擅长的领域办案，他们代表着公正和司法的威严，一定注意提醒自己尊重法官。

波斯纳对法官的“繁忙”颇有微词：“繁忙的法官只是想理智地并且合情合理地迅速决定此案。他没这个时间，没这种倾向，或没这种内省习惯，追问自己导致最后决定的那一系列判断的性质如何。假使他想到这个问题，他也许会意识到自己并不是每一步都遵循了司法决定的正统方法。”法院是法律的殿堂，而法官是殿堂中的“帝王”，法官太忙，不是一个好现象，让法官从过度的忙碌中回归常态角色是司法改革的一个目标。不过，司法改革尚未取得决定性胜利成果，我们还必须认真学习如何应对“法官很忙”引起的种种“潜规则”。

微课 14
警察抓小偷却摊上麻烦事

警察抓小偷天经地义，但如果小偷慌不择路跳进河里淹死了，警察则有可能因此摊上麻烦事。这种事在许多地方都发生过，曾有小偷的家属向警察提出巨额索赔要求。警察抓小偷属于正常的执法行为，小偷在逃跑过程中自己跳江死亡属于个人行为，警察执法并无过错。不过，人死了，家属可能会认为是警察使用武器、动用武力在现场强行逼迫小偷跳河的。当事警察不得不“自证清白”，这事也够麻烦的，很多情况下还得借助执法仪和证人等证据证明。另外，如果警察发现小偷跳河而没有及时采取积极措施救助，还可能被迫承担相应的法律责任。《人民警察法》第 21 条第 1 款对此有明确规定：人民警察遇到公民人身、财产安全受到侵犯或者处于其他危难情形，应当立即救助。

警察抓小偷却摊上麻烦事，这是执法者普遍面临的困境。当你认为自己的合法权益受到侵害，希望市场监督管理部门介入查处侵权行为时，市场监督管理部门看到的不仅是你的合法权益受到侵犯，而且还会考虑查处行为是否会被对方告违法，因为其执法行为面临监督机构、复议机关以及法院的监督。由于担心被追责，有些市场监督管理执法人员会更倾向于不认定违法而建议你到法院起诉，但是，当你到法院时，同样会发现法官判案也面临很大的社会压力。一个判决书肯定是有人赢有人输，如果能做到“双赢”那可能就是虚假诉讼。公正体现在有输有赢，但是，很多当事人却不这样认为，胜诉了，他就认为法官公正，败诉就怪法官腐败。更有一些当事人闹讼、缠讼，或者利用网络舆论裹挟司法裁判，极个别当事人甚至对法官实施暴力攻击，使法官处于巨大的社会压力之下。这些困境也徒生了一些“潜规则”，一些执法者遇事能推则推，多一事不如少一事，或者畏首畏尾，僵硬执法。

2006年7月27日夜，福建省平潭县澳前村17号两户居民家中多人出现中毒症状，其中两人经抢救无效死亡。警方经过侦查，很快确定是人为投入氟乙酸盐鼠药所致，认为其邻居念斌有重大作案嫌疑。2014年8月22日，福建省高级人民法院对念斌投毒案作出终审判决：一、撤销福州市中级人民法院（2011）榕刑初字第104号刑事附带民事判决。二、上诉人念斌无罪。三、上诉人念斌不承担民事赔偿责任。

从案发至终审判决历时8年，念斌投毒案经历4次死刑判决，3次发回重审，最终由福建省高级人民法院认定念斌无罪。这个案件固然有其法律争议，出现多次发回重审的“拉锯审理”，说明法官在贯彻“疑罪从无”时面临巨大社会压力，不敢轻易对刑事案件作出无罪判决。福建省高级人民法院在2008年、2011年两次将念斌投毒案发回重审，而没有在查明事实后进行改判。2011年，直到福州市中级人民法院第4次作出死刑判决，福建省高级人民法院才开始于2013年对案件进行实体审理，没有再次发回，在经过2013年7月、2014年6月两次长时间开庭审理，查明大量新证据后，该法院终于依据多份矛盾证据对念斌投毒案件作出了无罪判决。

执法者自然应该为人民服务，公正执法，但是，我们也要注意到他们面临种种压力和困境，可能会徒生某些“懒政”的“潜规则”。

“懒政”可恨，但是，积极作为的清官也不好当，清末小说家刘鹗就曾感叹：“赃官可恨，人人知之；清官尤可恨，人多不知。盖赃官自知有病，不敢公然为非；清官则自以为我不要钱，何所不可，刚愎自用，小则杀人，大则误国。吾人亲目所睹，不知凡几矣……作者苦心愿天下清官勿以不要钱便可任性妄为也。历来小说皆揭赃官之恶，有揭清官之恶者，自《老残游记》始。”刘鹗所批清官当然不是所有清官，而是“妄为”之清官。什么是“妄为”呢？在某些个案中，真的不好判断，积极作为与“妄为”的界限并非清晰可见。执法者本想秉公执法，但是，因为理性有限，不得不依赖于某些“潜规则”的判断，以致也可能好心办坏事。

真实世界的法律思维，要求我们理解执法者的困境，也要积极争取，为权利而斗争，主动对抗各种“懒政”“妄为”的“潜规则”。执法者有他们的困难，遇到他们的“懒政”“妄为”行为，简单情绪化的对抗可能于事无益，最好以平和的态度与他们多沟通，将事实讲清楚，将法律说明白，让他们有足够的信心认定你的合法权益受到侵害。如果执法者对法律或证据的理解把握得不够全面，应该尽可能寻找相关的案例或者有权威的立法解释、司法解释、行政解释提供给他们参考。

微课 15
法官也会失误

法官常常被视为法律的“化身”和“代言人”，不过，法官也是人，不可能不犯错。法官办错案会被追究责任，这是明规则，《法官法》、最高人民法院《关于完善人民法院司法责任制的若干意见》对此都有规定，法官在职责范围内对办案质量终身负责，法官在审判工作中，故意违反法律法规的，或者因重大过失导致裁判错误并造成严重后果的，依法应当承担违法审判责任。法官有违反职业道德准则和纪律规定，接受案件当事人及相关人员的请客送礼、与律师进行不正当交往等违纪违法行为，依照法律及有关纪律规定处理。

不过，本书想讨论的是法官的失误以及法官审判过程中做得不够理想的地方，这是“潜规则”，是法律没有明文规定的内容。作为法律应用者，你有必要警惕法官的失误，防止因法官失误或者判决不够理想而损害自身权益。虽然法律也提供了二审、审判监督等补救机会，但毕竟还要另外耗费更多的成本。

在事实认定方面，法官可能会因为对“证据规则”的片面理解导致失误。

在最高人民法院《关于民事诉讼证据的若干规定》刚颁布时，曾经发生一个案例：原告没有聘请律师，在庭审中只带了房屋所有权证的复印件而没有带原件，法官以仅凭复印件不能证明案件事实为由否定了争议房屋是原告所有的事实。复印件的证明力的确不够充分，但在原告确有房产证这一客观事实面前，简单以复印件否定原告主张，只看证据形式，不追求客观真实，陷入了形式主义错误，与人民群众长期形成的朴素的实体正义观发生严重冲突，影响了法院的权威。

在法律适用问题上，法官有时会犯下机械套用条文的失误。

某案中原、被告双方为原告方进行绿化建设而签订了香樟树种植合同，树木种植后，原告以被告所种树木不符合约定的胸径和分岔数为由要求解除合同，恢复原状，并赔偿损失。后经鉴定，被告为原告栽种的树木中有部分树木在胸径与分叉数上与合同的约定有偏差。法官据此认定被告构成根本违约，故适用合同法的规定判决解除合同，恢复原状，要求被告限期将已种植的树木挖走。法律确实规定解除合同后可以判决恢复原状，但此案如此判决则有机械套用法律僵硬裁判之嫌。在此类个案中，恢复原状会根本损坏物的经济价值，特别是本案中只有部分树木不符合要求，解除后不宜以恢复原状处理，除非原告方有更充分的理由。

在程序方面，法官也会造成一些不必要的失误。北京市高级人民法院审判管理办公室在《以案件质量评查促司法责任制落实》一文中总结了司法程序存在的一些不规范问题：“一是有的法律文书送达程序不规范。直接送达中，有的送达回证填写不规范；邮寄送达中，有的没有做好签收工作。二是有的案件庭审程序不规范。包括未完整告知当事人诉讼权利，未当庭核查当事人及委托代理人身份导致身份证明文件存在瑕疵等情形。三是笔录签字不规范。有的案件不签或代签笔录、文书。四是有的案件电子数据录入不规范和不及时。有的报结时统一补录，有的开庭时间、结案时间、审限扣除、生效时间等方面数据错误。”这是北京市高级人民法院从 2016 年北京市各类审结案件中抽查 750 起进行评查发现的问题。这些问题在其他省市法院也不同程度存在，有的地方法院的问题可能更多、更严重，比如立案理由不准确，拖延立案，分案处理不当（该分立两案的没有分案，不应分别立案的却分别立案），遗漏当事人，财产保全不当（对申请人提供的权利担保、资信担保审查不严），未审而判（判决书中“本院认为”部分未涉及的事项却判决了），未审未判（对于当事人请求审理的部分法律关系却回避了），等等。这些问题的存在并不是法官故意所为，有的是由于审判人员责任意识不强，有的是由于审判人员司法规范化意识不强，有的则是由于审判人员审判经验缺乏，对疑难复杂案件处理把握的能力不足。

各级法院都在加强规范化建设，但是，毕竟人不是神，法官失误仍然可能存在。作为当事人，我们做好应对准备，避免因法官失误影响自己的诉讼权益。

微课 16
为什么律师不能承诺办案结果?
——从法官自由裁量权的角度分析

律师、律师事务所进行业务推广时不得承诺办案结果，这是律师执业的纪律准则之一。办案的结果既与律师专业水平有关，也受证据状况、诉讼策略、国家政策、法官自由裁量权等诸多因素的影响。打官司是一个动态过程，律师不能承诺办案结果，法官自由裁量权是其中的一个重要原因。法官自由裁量权主要表现在以下几个方面：

（1）证据的采信。法官应当依照法定程序，全面、客观地审核证据，依据法律的规定，遵循法官职业道德，运用逻辑推理和日常生活经验，对证据有无证明力和证明力大小独立进行判断，并公开判断的理由和结果。证据的采信不是法官能随心所欲决定的，不过，证据只是已发生的案件事实的客观遗留。一种证据是不是客观遗留会有争议，而且，客观遗留不是事实本身，无法百分之百地还原事实，其所推定的事实会有差别。法官的自由裁量权对证据的采信以及待证事实确信的形成有重要的影响。

（2）因果关系的认定问题。事情的发生有先有后，一般认为因果关系是客观的。由于认识能力的局限，人无法充分认识客观现象之间的因果关系，但是，法律上要求你对因果关系作一个决断。到底有没有因果关系，这取决于法官的自由裁量权。

（3）主观状态的认定。从超市拿走东西没有付钱，这个行为是健忘，还是有预谋不付钱的偷盗行为？故意、过失或者意外事件，这是诉讼过程中经常需要判断的。人的内心太丰富，一个人的动机从根本上来说是不可测定的。人们对诸多客观行为的内心状态已经形成约定俗成的看法，这些约定俗成的看法无法覆盖人的全部主观状态且其本身也有争议。仅凭行为的外在客观表现经常难以对行为人的心态得出明确的结论。法官必须对无法根本测定的动机做判断，这必然包含自由裁量权。

（4）法律赋予的自由裁量权。我国《刑法》第13条规定，“情节显著轻微，危害不大的，不认为是犯罪”。什么是情节显著轻微？对此，法官有相当的自由裁量。《刑法》中规定了诸多“可以从轻、减轻或者免除处罚”的量刑规则，可以有，也就可以没有，这里必有自由裁量。法律有诸多类似“合理期间”“正当事由”等必须进一步认定的表述，这些也是法律赋予法官的自由裁量权。

（5）损害赔偿数额的认定问题。在精神损害赔偿领域，数额的认定争议颇大，法官的自由裁量权有很大的影响。财产损失、人身损害赔偿数额的认定有很多法定的计算手段，但是，法律无法穷尽生活，赔偿数额的认定同样与法官的自由裁量权有关。

（6）对合同条款的解释问题。合同生效后，合同条款就有法律约束力，违反合同就相当于违法。合同条款有争议，当事人双方协商不成，经常就得由法官认定。合同条款多种多样，相当多数并未为法律所覆盖，如何解释，法官的自由裁量权有很大的影响。

“律师不能承诺办案结果”以及“法官自由裁量权”是一个明规则，不过，法官自由裁量过程中则有很多“潜规则”，这里有“司法勾兑”这种恶的“潜规则”，也有一些影响法官自由裁量但没写成法律明文规定的合理的“潜规则”。法官作出法律文书的依据是什么呢？明规则是法律，事实上，各省市高级人民法院、中级人民法院的指导文件也有很大影响力，这就是一种“潜规则”。法官的自由裁量权其实在一定程度上受这些指导文件的影响。

法官自由裁量权给案件审理带来不确定性，如果你聘请律师，这就是律师体现其专业素养的重要领域。律师不能承诺办案结果，为什么还要请律师呢？一个重要原因就是律师更懂得“潜规则”。当然，我们这里指的是合理的“潜规则”。如果不是因为这些“潜规则”，一切都有法律明文规定，律师的价值就没那么大了。合理的“潜规则”的“潜”本身就是一种生存策略，对你来说，甚至其重要性高于某些正式法律规则，如果没有弄明白的话，你无法玩转法律应用。正因为没办法全部弄懂，所以我们聘请律师。一些复杂的案件，请律师是上策，在请律师的同时，了解一些“潜规则”，将有助于你作出法律决策。

尽管各类法律专家都在力求总结执法人员“认定事实，适用法律”的“潜规则”，但总体上较为薄弱。努力挖掘这些“潜规则”，是法律人的重要任务，一方面可以将某些“潜规则”上升为明规则，让法律更具确定性；另一方面要搞懂这些规则，以便在真实世界中熟练地运用法律。

本讲小结

“潜规则”如何识别？

在小说《审判》（卡夫卡著）中，教士与约瑟夫·K 关于“法的门前”寓言的对话。

> “就这样，守门人欺骗了乡下人。”约瑟夫·K 马上说。他被这个故事深深吸引住了。
>
> “不要太匆忙了，”教士说，“不能不加以验证就接受一种意见。我是逐字逐句地给你讲这个故事，里面可没有提到欺骗。”
>
> ……
>
> “不要误解我，”教士说，“我只是想向你介绍关于那个论点的各种不同看法……甚至有一种解释声称真正受骗的是守门人。”

“法的门前”的寓言讲述了乡下人以为“任何人在任何时候都可以晋见法”，但法的守门人拒绝乡下人晋见法的故事。在寓言中，乡下人代表着“求法的人”，希望通过法律程序获得公正对待的人；守门人则是指法官、检察官、律师、立法机关代表等让法律程序得以运行的法律职业人。

在寓言中，法的守门人是尽责的人，“守门人看起来是一个对职责一丝不苟的人”；是有人情味的人，“守门人似乎是一位天生和蔼可亲的人，他并没有一直摆出盛气凌人的官架子”。法的守门人很尽责，但在一些旁人看来，求法不得是因为“守门人欺骗了乡下人”，也有一种解释认为“真正受骗的是守门人”。

求法不得，原因甚多，其中之一是法律有太多我们所不熟悉的“潜规则”。因为不了解这些“潜规则”，一些人将求法不得当成是“守门人欺骗了乡下人”，或者“真正受骗的是守门人”。真实世界的法律思维要懂得识别“潜规则”，否则，我们就如卡夫卡所言：“我们更应该痛恨自己，因为我们还没有显示出自己有能力被委任以法。”〔1〕法治之下，无论是法律职业人还是普通当事人都必须有能力被委任以法，否则就会产生不必要的猜测和误解。

法律是规则，在法律这种明规则之外，法律世界还存在大量的“潜规则”。面对法律规则，我们的任务是“以法律为准绳”；面对“潜规则”，首要的任务是识别。本讲微课展示了各式各样的“潜规则”，熟悉这些事例是重要的，不过，更重要的是对其分类整理，体系化掌握“潜规则”类型及其应对之道。

“潜规则”可以分为作为事实的“潜规则”和作为规范的“潜规则”。前者是我们需要面对的事实。后者主要体现为法教义学规则，是我们必须遵循的规范。

微课 13、15 分别论述了“法官很忙”“理性有限”等不同“潜规则”。这些都是作为事实的“潜规则”，我们的任务是采取适当措施加以应对，针对一些坏的“潜规则”更要有意识规避它、对抗它、扼杀它。对这些“潜规则”的系统把握可结合前一讲提及的“行动中的法”的思考维度，以及案件社会学。美国法社会学家布莱克在现实主义法学的基础上创立了“案件社会学”。他认为每一件案件都有社会地位和关系所形成的复杂结构，结构的不同会决定案件的处

〔1〕［美］卡夫卡：《我们的法律的问题》。转引自［美］德恩里科：《法的门前》，邓子滨译，北京大学出版社 2012 年版，引言第 9 页。

理结果。这些结构包括当事人双方的关系及双方的地位差异，参与案件的律师、法官、检察官、证人的社会特征，甚至包括证人在法庭上讲话的方式。[1]

微课 16 关于“法官自由裁量权”的“潜规则”是“作为规范的潜规则”，本书第二篇内容也大体可归类为“作为规范的‘潜规则’”的简易阐述。这类规则通常也被称为法教义学规则。法教义学规则本应具有法律约束力，不过尚未被我国法理学承认为法律渊源[2]，再加上我们对法教义学规则尚未形成足够的共识，因此，在一定程度上还属于“潜规则”的状态。

如前所述，相当部分“潜规则”已经成为相关学科的研究对象，之所以还称为“潜规则”，一是相关学科对这些规则的总结仍然是相对有限的，存有太多的空白，而已总结的规则与法律规则相比还相当模糊并充满争议；二是法律人的精力有限，不可能对相关学科知识做全面了解。“潜规则”虽然“潜”，但还是可以在一定程度上加以把握的。有一种说法，一个处理建设工程案件的律师，通常既要当律师，也要当企业法务，还得是一个兼职工程师。这说法经常用来形容律师工作之繁杂，其实，这恰也说明繁杂是可以通过学习破解的，学习在相当程度上可以帮助我们更好地识别“潜规则”。

---

〔1〕［美］唐·布莱克:《社会学视野中的司法》，郭星华译，法律出版社 2002 年版，第 2~15 页。

〔2〕舒国滢、王夏昊、雷磊:《法学方法论前沿问题研究》，中国政法大学出版社 2020 年版，第 300~301 页。

第四讲 信息不完备

真实世界经常就是这样，它会在书本理论上叠加一个意想不到的维度。在法律思维中，第四个意想不到的维度可以概括为信息不完备。书本里的法律思维，只要有足够的理解能力，你能洞察一切，面对的事实和法律都是可知的。但是，在真实世界，信息经常不完备，你无法洞察一切，而且时间和对手也容不得等你了解事实与法律的全貌后再动手，容不得你找到最优方案后再执行。

目前流行的绝大多数法律教科书，将对事实和法律内涵的认知看作没有内在结构的“黑箱”，认为人有办法通过证据证明客观事实，相信法律的内涵本身是明确的。其实，人的认识能力本身是有局限的，不可能获得事实、法律以及法律适用过程的相关参与者的完整信息。书本里的法律思维，法律人据以决策的信息是确定、固定和完备的；而真实世界的法律思维，要求你在不确定、易变和不完备的信息面前作出适当的决策。

微课 17
法律人只能用不完备的信息做决策
——来自《医学真相》的启示

面对疾病，我们习惯把医生当作神明。《医学真相》这本书揭示了医生只是在不确定信息的条件下作出决策。如果收集更完备的信息，或许能作出更好的决定，但是，病人来了，需要尽快有一个答案，而且还不止有一个病人，要在有限时间内解决病人的问题，你只能在信息不确定、不精准和不全面的情况下进行治疗。如果我们将法律问题当成疾病，那么，法律人对法律问题的解决与医生治病是一样的，也是在信息不确定、不精准和不全面的条件下进行决策。

信息不完备通常包括两层含义：一是指那种绝对意义上的不完备，即由于认识能力的限制，任何组织和个人都不可能获得其行动所需要的全部知识，这一现象也称为“必然无知”或者“理性不及”；二是相对意义上的不完备，即市场经济本身不能够生产出足够的信息并有效地配置它们。为了缓解信息不完备的情形，人们会从市场上购买信息。相对于商品而言，市场对信息配置的作用是有限的。购买普通商品时，卖家会向买家展示他们的商品，这样买家可以先了解它的价值，然后再决定是否购买。但是，购买信息商品却无法做到这一点。买家之所以愿意出钱购买信息，是因为还不知道它，一旦知道了它，就没有人会愿意再为此支付金钱。由此就出现一个难题：卖家一旦向买家展示商品，买家就很可能不会去购买；而卖家不展示商品，买家无从了解，同样不会去买。信息不完备这两层含义在法律应用领域都有充分的体现，无论是法官、检察官，还是律师和当事人，都存在绝对意义上的不完备——认识能力的限制，也存在相对意义上的不完备，难以有效地从市场上购买信息。相对于其他领域，法律应用领域的信息还受到证据规则的限制，法庭必须通过证据将过往发生的事实再现，但是，证据已经受到法律的严格限制，它的重现能力有限。与医生治病是一样的，法律人只能用不完备的信息做决策，这一点是真实世界法律思维必须考虑的一个重要维度。

一个检察官或者法官，即使他审慎再审慎，仍然有太多的外界因素会骗过他的眼睛——无法得到绝对考证的证据，假证人，以及因为科学局限作出错误结论的鉴定，等等。

在一起盗窃案中，在实施盗窃行为的时候，往往只有犯罪分子一人实施，无论他盗窃到多少财物，他都拒不承认，这样仅凭被害人一人的陈述，就难以认定具体财物种类和数额。只有拿出很坚实的证据才能认定被窃取的财物的种类和数额，例如犯罪分子实施盗窃时的录像，犯罪分子家中扣押到的被害人财物。这时检察官怎么办呢？仅凭被害人的陈述是能认定犯罪分子的盗窃数额，但容易导致刑罚滥用，两害相权取其轻，只能从有利于被告人的角度予以考虑，这样就容易造成被害人对法律的不满，使犯罪分子钻法律空子。检察官、法官只能在信息不完备的条件下做决策，这意味着可能无法从根本上杜绝冤假错案。

一个律师，他存在的理由就是因为信息不完备，因为善与恶没有绝对清晰的界限。美国联邦最高法院原大法官乔治·萨瑟兰曾经感慨道:“没有律师代理,被告人就算完全无辜,也有定罪之险,因为他不了解证据规则,无法判断指控成立与否,也不懂得如何作无罪辩护。”律师的存在让法律对恶的惩罚变得困难,同样不可否认的是,律师的存在也让好人被惩罚变得更困难。律师的角色不是追求绝对正义,没有像法官和检察官那种担心自己造成冤假错案的压力,不过,因为信息不完备,律师的决策常常也面临两难的选择。

例如,张三参加了某旅行社冬天滑雪一日游,在山上往下滑雪的过程中,张三被撞伤了。如果张三准备起诉旅游社,只能二选一,侵权之诉或者合同违约之诉。侵权之诉和合同违约之诉在举证责任方面不同,合同违约之诉只要求合同相对方违约,即便是因为第三方原因,只要举出对方违约情事,就可要求其承担责任;侵权之诉则必须举证损害事实存在,对方过错以及过错与侵权之间的因果关系。在诉讼利益方面也不同,选择侵权之诉,人身损害可以得到精神损害赔偿,而合同之诉,精神损害赔偿很难得到支持。哪一种选择会给当事人带来更大的利益呢?没有等到判决出炉、执行结束前很难有确定答案,律师只能在信息不确定、不精准和不全面的条件下进行决策。

再如,刑辩律师在刑事辩护中可以选择两种辩护策略:一是无罪辩护,二是罪轻或者从轻处罚辩护。作为律师,在接受被告人委托后,要从无罪角度考虑辩护意见,不能作无罪辩护,才可以考虑作罪轻或者从轻处罚辩护。但是,有罪、无罪都是信息不完备下的一种推断而已。无罪辩护如果成功能给被告人带来最大利益,但如果无罪辩护意见不被法院所采纳,被告人的许多法定从轻、减轻情节可能就不为法庭采纳,结果被告人量刑可能过重,这是刑辩律师普遍面临的两难问题。

微课 18
法庭上的事实只能是事实碎片的重构

在法庭上用于裁判的“事实”不是你所经历的客观事实，而是“证据事实”。关于客观事实与“证据事实”之间的关系有一个形象的比喻，案件客观事实的发生就像一个花瓶被打碎，而证据就是这个花瓶散落满地的碎片，“证据事实”则是由这些碎片所证明的事实。在法庭上用于裁判的“事实”不可能是你所经历的客观事实的重现，只能是事实碎片（证据）的重构。

当你打破花瓶后，你无法找到所有的碎片，即使找到了绝大多数的碎片，你也无法重新拼接出与先前一模一样的完好花瓶，凭借证据这样一些事实碎片重构的案件事实与客观事实之间有可能存在一些差别。有的案件的证据事实与客观事实相符合，有的案件的证据事实则会与客观事实相背离，但是，没有一个全能的上帝帮助我们确定：哪些是相符合的，哪些是相背离的。由此可见，法庭只能根据不完备信息做决策。当法律应用到现实生活，所有准备打官司的人都得有这样的意识：你的官司充满风险，按照客观事实你应该能赢，但是，法庭却不能保证你赢，因为在法庭上用于裁判的“事实”只是事实碎片的重构。证据事实与客观事实之间距离的缩小，是法律人根本性的目标追求之一，但无论人们如何努力，总体来看，还是会有一部分案件的证据事实无法达到与客观事实相符合的程度。借用微积分中的一句话表达就是——“无限接近但永远无法到达”，实现所有案件的证据事实与客观事实相符合亦是人类认知试图到达而永远无法到达之彼岸。

法庭是根据不完备信息做决策的，这意味着你有必要积极地影响法庭的信息。在法庭上用于裁判的“事实”只是事实碎片的重构，这意味着你必须积极参与重构的过程。案件发生之后总会留下一些事实，这些是证据事实的基础，但并不是证据事实本身，证据事实的形成过程是一个证据的收集、举证、质证以及认证的过程。首先是当事人或者侦查人员收集证据的过程，其次是在法庭的举证和质证，最后才是法庭认证的事实，只有这些经法庭认证的事实才是在法庭上用于裁判的“事实”。在法庭上用于裁判的“事实”的形成过程是一个动态的博弈过程，这意味着你在证据收集、举证、质证等必须考虑你对手的出牌以及法庭的认知。艾伦·德肖维茨对律师的工作有一个深刻的判断，他说，美国的司法制度建立在“不说出”全部事实的基础之上，律师的工作就是用一切合法手段来隐瞒“全部事实”。你的对手，你对手的律师，他们总是倾向于隐藏对他们不利的事实，要让客观事实重现，你必须充分考虑对方的各种出牌。也正因如此，人们经常将重构事实的过程理解为一种技巧，克莱伦斯·丹诺，美国历史上著名的辩护律师，对此有一个精彩的论述：“事实上，如果说事实是构筑法庭陈述这座宏伟大厦的砖块与沙砾的话，那么技巧就是起关键作用的水泥与黏土了。没有人会否认，再漂亮坚实的岩石也会由于缺乏适当的粘合剂而成废土一堆。”

书本里的法律思维，事实与法律都是确定的，但是，在真实世界，事实与法律却是不确定的。这两者存在巨大反差。很多人包括聪明绝顶的社会达人的法律思维，仍然停留在幼稚的阶段。书本里的法律思维，只要你能理解文字，你就可以把握事实和法律的确定含义，就能自如地进行推理并得出结论。真实世界的法律思维，需要你具有另一种智慧，你要考虑对手的出牌，也须在信息不完备的条件下作出决策。用法的过程是将法律运用于事实判断的过程，这在法律教与学过程中容易判断，无论是学生还是教师，他们面对的都是一个个加工、制作和提炼出来的案件事实，信息比较充分，用法主要不在于辨认事实是什么，而在于分析到底适用什么样的法律。例如，在教学过程中，如果你要回答“某一行为人所作的意思表示是否构成承诺”，实际上已经假设该意思表示的内容已通过证据予以证明，因此，对这个问题的解答主要取决于对“承诺”的解释。但是，一旦到了现实生活的法律运用，就完全不一样，我们面对的不再是一个经过剪辑、加工和整理的案件事实，而是一堆没有经过剪辑、加工、整理的原始事实。很多老师和大多数学生都缺乏对现实生活中千姿百态的原始事实进行归纳、概括、整理的能力，提高用法的素养，首先得提高这样一种能力。怎样提高对原始事实进行归纳、概括、整理的能力呢？既然是对原始事实的发现，首先，当然应该提高各种获得原始事实的观察、调查、实验等收集信息的能力。对原始事实进行归纳、概括、整理，是一种技术，是将打碎的花瓶重新拼接成与先前一模一样的完好花瓶的技术，同时，也是一种法律素养，是一种运用法律和证据规则重塑事实的素养。

事实碎片的重构不仅是事实碎片的拼接，更是一个法律规则参与“塑造”的过程。对原始事实进行归纳、概括、整理的过程，实际上是一个事实与法律之间的双向思维过程，一方面要面向案件事实不断解释法律规范；另一方面要面向法律规范不断归纳、概括、整理案件事实，只有经过这样一个反复“穿梭来回”的调适过程，才能完成用法的实践。卡尔·拉伦茨说：“事件必须被陈述出来，并予以整理。在无限多姿多彩、始终变动不居的事件之流中，为了形成作为陈述的案件事实，总是要先做选择，选择之时，判断者已经考量到个别事实在法律上的重要性。”事实已非过往发生的原初事实，而是经过当事人筛选裁剪，并由法律语言加以表述的事实图景。筛选以主观设定的预适用的法律为参考系，陈述则取决于当事人对事实的主观把握。而这一切又受到证据法规则的严格限制。传闻证据规则、举证时限等，这些为了防止裁判者恣意妄断和追求诉讼效率的规则，又进一步限制了事实的再现能力。法庭认定的事实在某种意义上已经是通过法律规则“塑造”出来的，不再完全是客观事实的重现。作为用法的当事人，我们必须善于运用法律规则和证据规则发现事实、表述事实，让法庭尽可能在有利于我们的信息下做决策。

微课 19
为什么不能“撞了白撞”?

1999 年 9 月 10 日，沈阳市以政府令颁布实施的《沈阳市行人与机动车道路交通事故处理办法》(已失效)明确规定了五种交通事故行人负全责，行人违章闯红灯、不走人行横道线、在机动车道内行走、进入封闭式机动车专用道和在机动车专用道内逗留。在这些情况下，行人与机动车之间发生交通事故，机动车无违章行为的，行人负全部责任。司机不承担责任，也不需要给付赔偿，这种“行人负全部责任”规定被媒体称为“撞了白撞”。之后，上海、济南、宁波、天津等十多个城市相继出台类似的规定。2003 年 10 月 28 日，第十届全国人民代表大会常务委员会第五次会议通过的《道路交通安全法》第 76 条否定“撞了白撞”，规定“机动车与非机动车驾驶人、行人之间发生交通事故的，由机动车一方承担责任；但是，有证据证明非机动车驾驶人、行人违反道路交通安全法律、法规，机动车驾驶人已经采取必要处置措施的，减轻机动车一方的责任”。之后，各个城市也都停止了自己的地方规则而统一执行《道路交通安全法》的规定，“撞了白撞”成了历史。2007 年 12 月第十届全国人民代表大会常务委员会第三十一次会议对《道路交通安全法》第 76 条第 1 款第 2 项进一步修改为：“机动车与非机动车驾驶人、行人之间发生交通事故，非机动车驾驶人、行人没有过错的，由机动车一方承担赔偿责任；有证据证明非机动车驾驶人、行人有过错的，根据过错程度适当减轻机动车一方的赔偿责任；机动车一方没有过错的，承担不超过百分之十的赔偿责任。”这次修改同样否定“撞了白撞”。不过，直到今天，还有一部分司机认为“撞了白撞”很好，起到了高度自动管控的作用，可以大大改善交通秩序，也是人类社会重要的行为准则——不损人利己的体现。的确，当年的“撞了白撞”有助于车辆行人“各行其道”，改善了交通秩序，但是，最终“撞了白撞”还是没有被认可。

为什么不能“撞了白撞”呢？一是生命权高于通行权，对人们生命的尊重是最基本的立法标准，不能以牺牲自然人的生命来换取他们的交通守法意识；二是汽车驾驶人因拥有汽车等高速运行机械而处于强者地位，行人和非机动车驾驶人则处于弱者地位，出现事故，轻则肢体伤残，重则丧失生命；三是“信息不完备”。交通事故发生后，行人与机动车双方肯定都会拼命找有利于自己的证据，以证明对方应该多负责任，自己少负甚至不负责任。但是，作为裁决者的交警部门、法院其实对交通事故信息的了解是不完备的。因为信息不完备，有可能导致极个别不理性的司机将对方直接撞死，这样对方死无对证，见了警察，到了法院，如果没有其他优势证据，他自己的说法就很重要，说不定让他赢了。当然，如果交警部门、法院有足够的智慧，是不会让这些不良司机得逞的，但判断交通事故是过失还是故意伤害与谋杀，不仅要解决信息不完备问题，也要花费大量人力、财力，是社会资源的消耗。

克服信息不完备需要消耗大量的社会资源，为了减少成本，需要在法律上出台相应的对策。否定“撞了白撞”是一种实体法的对策，而辩诉交易则是一种程序法上的对策。辩诉交易，是美国的一项司法制度，指在法官开庭审理之前，处于控诉一方的检察官和代表被告人的辩护律师进行协商，以检察官撤销指控、降格指控或要求法官从轻判处刑罚为条件，换取被告人的认罪答辩。通过这种在检察官与被告人之间进行的“认罪讨价还价”行为，检察官、法官可以用更少的司法资源处理更多的刑事案件以提高办案效率，罪犯也较之原罪行在一定程度上减轻了受到的刑事制裁，从而对双方都有利，形成一种“双赢”的局面。当然，这种局面只是司法资源和罪犯的“双赢”，对受害者是利益的减损，对社会而言，也在节省成本的同时带来了利益减损，有的学者就批评辩诉交易出卖司法尊严和社会利益。但是，信息不完备无法从根本上克服，一方面，检察官只能根据事后碎片化的证据认定事实，对事实的辨认存在天然的不足；另一方面，如果被告人是真正的有罪者，他虽然能够提供有关犯罪情况最好的信息，但如果不给他激励的话，他的最大兴趣应该是让事实的确认变得困难。与其没有把握判被告人有罪，还不如让他以较小的罪名受到惩罚，而且辩诉交易这种处理案件的方式还可以大大减少审判费用。我国的“认罪认罚从宽”等制度也是源于这样的设计思路。

微课 20
事实问题是真实性问题，也是正当性问题

有社会，就有纠纷。用法律解决纠纷，核心是“以事实为根据，以法律为准绳”。如何认定事实呢？自古以来就是一个法律难题。

尽管人类很早就已经开始运用证据认定纠纷中的事实，但是，在很长一段时间里，证据并非裁判的必要依据。在无法证实指控的情况下，人类借助神力进行裁判，这就是神明裁判制度。在神明裁判制度下，对事实问题的裁判是交由神灵来完成的，法官的任务只不过是对神灵显现的答案予以宣示。法官据以裁判的事实，不可能在每个案件中百分之百地得到客观还原，之所以可借由它来裁判，在于社会相信其为真实。法官据以裁判的事实不是客观真实，但是，案件必须找到一个终点，这个终点必须得到人们的认可。在神明裁判阶段，查明事实的科学手段有限，对无法理解和无力支配的自然力量，人们相信这是神的力量，于是，很自然地诉诸神灵来断定案件真相。神判法五花八门，例如水审，让被告人沉入池塘或河流里几分钟，浮起者有罪，沉没者无罪（也有法典规定：浮起者无罪，沉没者有罪）；热油审，让被告人用手取出热油中的钱币，然后包扎，三天后解开查看，如果手臂化脓，就判为有罪，如果手臂所烫之处已经愈合，就判其无罪；抽签审，设正邪两球，让被告人摸取，摸到正球者无罪；秤审，用秤量被告人体重两次，第二次较前次轻者无罪；决斗审，在决斗中勇往直前并获胜的一方是清白的一方，因为当时人们相信神和上帝只会青睐和庇佑那些清白正直的人。

纠纷的解决不是科学研究，人们虽然希望找到真实，更重要的是希望正当性地解决纠纷。所谓正当性，是指纠纷的解决能够让当事人及其他社会成员接受的属性。神明裁判，这种将案件的是非曲直诉诸偶然的和非人力所能控制的自然现象来决定，用现代法治的原理来看，确实不合理。但是，在当时，却有它的正当性。

除神明裁判外，恐吓以及刑讯逼供也是古时人类寻找裁判事实的重要手段。

根据《圣经旧约》的记载，所罗门王是最聪明的人之一。关于他，有个流传甚广的故事：两个女人争夺一个小婴孩，均宣称自己是孩子的母亲。双方争执不下，很难处断。所罗门叫人拿刀来，说可将孩子劈成两半，一人一半。其中一个女人可怜孩子，愿将孩子留给对方。另一女人却同意劈了孩子。所罗门由此断定可怜孩子的女人是孩子的母亲，将孩子判给了她。所以，所罗门是智慧的象征。

在今天看来，所罗门智慧源于恐吓，这恐吓以故意杀人为代价，他的恐吓之所以能产生发现客观事实的效果，则是因为两个女人相信所罗门王有“劈开婴儿”的权力。而在古时，这个判决被视为智慧的判决，所罗门也因此成为西方世界妇孺皆知的司法正义的守护神。这说明恐吓以及刑讯逼供作为古时人们寻找裁判事实的方法，也有它的正当性。

在美国，辩诉交易被广泛引入，这跟社会整体偏好有很大关系。美国民众更关心是否“冤枉了好人”，因而能容忍由此产生的对“坏人”的放纵，辩诉交易有其正当性基础。而我国以及诸多大陆法系国家，社会整体偏好更看重对犯罪行为的打击和震慑，那些类似“辩诉交易”的制度设计仍有非常严格的限制。

因为信息不完备，事实问题是真实性问题，也是正当性问题。社会生活是不同个体的共存问题，生活在社会中，不得不接受社会的正当性标准。按照客观真实，你能赢，而法庭认定的事实却不能让你赢，对你来说，这是不正义的，但是，这社会毕竟不只是你一个人的，你必须与他人共存，这就意味着你必须接受社会正当性标准。

微课 21
如果你是类似案件的当事方，可以从昆山反杀案学到些什么？

2018 年 8 月 27 日 21 时 30 分许，昆山市震川路发生一起宝马轿车驾驶员持刀砍人反被杀案。

公安机关查明，案发当晚刘某醉酒驾驶宝马轿车（经检测，血液酒精含量为 87 毫克 /100 毫升），向右强行闯入非机动车道，与正常骑自行车的于海明险些碰擦，双方遂发生争执。

经双方同行人员劝解，交通争执基本平息，但刘某突然下车，上前推搡、踢打于海明。虽经劝架，刘某仍持续追打，后返回宝马轿车拿出一把砍刀（经鉴定，该刀为尖角双面开刃，全长 59 厘米，其中刀身长 43 厘米、宽 5 厘米，系管制刀具），连续用刀击打于海明颈部、腰部、腿部。击打中砍刀甩脱，于海明抢到砍刀，并在争夺中捅刺、砍击刘某 5 刀，刺砍过程持续 7 秒。刘某受伤后跑向宝马轿车，于海明继续追砍 2 刀均未砍中。

刘某跑向宝马轿车东北侧，于海明追赶数米被同行人员拉阻，后返回宝马轿车，将车内刘某手机取出放入自己口袋。民警到达现场后，于海明将手机和砍刀主动交给出警民警（于海明称拿走刘某手机是为了防止对方打电话召集人员报复）。

刘某经送医抢救无效于当日死亡。经法医鉴定并结合视频监控认定，刘某连续被刺砍 5 刀，死因为失血性休克。

2018年9月1日，昆山公安微警务微信公众号发布消息："昆山反杀案"于海明的行为属于正当防卫，不负刑事责任，公安机关依法撤销案件。消息传遍大江南北，当时流露在网络上绝大多数是喜悦的心情。这里想反思一个理性的问题，如果你是类似案件的当事方，应该从昆山反杀案学到些什么？

如果你是于海明，在警方得出最后结论之前，其实还是隐含不少风险的。我国法院判定正当防卫一向极端谨慎。2018年8月29日江苏检察在线（江苏省人民检察院官方微博）微博谈到了一组数据，中国裁判文书网上100份以"正当防卫"为由要求轻判的二审（终审）刑事判决书，仅有4份被法院认定，其他20份为防卫过当，76份为故意伤害罪。

为什么正当防卫的辩护成功率这么低呢？一个根本性原因大概可以归结于信息不完备。《刑法》关于正当防卫的条文其实还算明确："为了使国家、公共利益、本人或者他人的人身、财产和其他权利免受正在进行的不法侵害，而采取的制止不法侵害的行为，对不法侵害人造成损害的，属于正当防卫，不负刑事责任。"最大的争议点之一在于对"正在进行的不法侵害"的理解，警察、检察官、法官不是现场参与者，他们对"正在进行的不法侵害"的理解其实处于一种信息不完备之中。虽然他们也可以借助正当防卫主张者的陈述来理解，但是正当防卫主张者的陈述并不可靠——有可能将"假想防卫"当成"正当防卫"。作为事后的观察者，警察、检察官、法官很难理解事中参与者对"正在进行的不法侵害"的感知，以致将某些原本可以认定正当防卫的案件认定为故意伤害。在事后观察者看来，"不法侵害"行为已经结束，但是，不能苛求事中的参与者也作出同样的反应，因为他处在极度紧张之中。

警察、检察官、法官应怎样克服理解“正在进行的不法侵害”过程中的信息不完备问题呢？用刑法学者车浩的话讲：“在个案中想象一般人面对侵害的反应时，不能从事后的视角，而是必须假定处在案发现场。而且，要以案发现场当时的‘一般人’的理智与判断力，而非处在正常社会秩序中的‘一般人’的理智与判断力，去评价防卫人。”这个立场简言之就是“基于事中的一般人视角”，要让警察、检察官、法官切换到这样一个视角并不容易，需要警察、检察官、法官有相当的智慧。如果你是正当防卫的主张者，你的核心任务就是让警察、检察官、法官切换到这种视角。于海明是幸运的，因为舆情热烈，警察、检察官很容易就切换到这样一个视角，最后认定于海明的行为属于正当防卫。

昆山反杀案只是个案，应该从中学到什么呢？在我看来，是一种破解信息不完备的策略，这种策略就是将观察角度切换到“基于事中的一般人视角”。警察、检察官、法官需要这样一个视角，正当防卫主张者也要努力在这样一个视角下论证，而作为不法侵害者，如果能切换到这种视角，他很有可能就不会实施侵害了。

刘某的本意可能并非“行凶”，有评论说他是在“戏耍”，在我看来，其内心一开始有可能就是这种想法，他连续用刀击打于海明颈部、腰部、腿部，而于海明的伤情只是“左颈部条形挫伤 1 处，左胸季肋部条形挫伤 1 处”。虽然刘某内心有可能是“戏耍”，但是，判断是否“戏耍”显然不是刘某一个人的视角，而是“基于事中的一般人视角”。拿刀（管制刀具）击打，在事中的一般人看来，就是“行凶”，最后公安机关也认定这是“行凶”。行凶，对方就获得无限防卫权，刘某有可能是因为不能“从事中的一般人视角”判断自己行为的性质而失去了生命。

本讲小结
信息不完备如何破？

电影，《乌海》。

杨华和苗唯本是一对恩爱的小夫妻，却在短短三天内历经情感和生活的骤然“裂变”，两人谈到离婚后孩子的归属。

杨华：“你怀孕了为什么不告诉我，是不是你心虚了？”

苗唯：“不是你的孩子，就不是你的孩子，满意了吧？”

苗唯因为杨华债务缠身自顾不暇，没及时告诉他怀孕的事。杨华却将此事判断成“苗唯可能怀了别人的孩子”。苗唯因为被丈夫怀疑说了气话“不是你的孩子”，已处于极度焦灼的杨华却将此话当真，认定苗唯出轨。猜疑、误解，错误的信息判断，鬼使神差地让这对恩爱夫妻以悲剧收场，杨华走上了杀妻的不归路。

现实生活中，信息不完备造成的悲剧不胜其数。法律人经常也不得不在这样的背景下做决策，信息不完备成为法律思维迫切需要解决的问题。微课 21 讨论了警察、检察官、法官需要将观察角度切换到“基于事中的一般人视角”，以便克服信息不完备的障碍，对正当防卫作出更准确的认定。这是一种以“换位思考”破解信息不完备的策略。

在电影中，如果杨华能“换位思考”，体验妻子被冤枉的感觉，或许悲剧就不会发生。微课 17 谈到律师面对违约之诉或者侵权之诉、无罪辩护或者罪轻辩护的两难抉择，一个重要的策略是换位思考，换到法官的位置，通过检索了解法官对类似案例的判决倾向。

由于信息不完备，事实问题是真实性问题，也是正当性问题。通过“换位思考”认定事实，必须明确规则的限制。在微课 21 中，警察需要切换到于海明立场以体验其对“正在进行不法侵害的判断”，但不能要求于海明切换到刘某的立场，体验其可能是“戏耍”心态。微课 20，所罗门换位到那两位争夺孩子的女人的视角，通过“劈开婴儿”来判断谁是孩子母亲，在今天看来，显然是不正当的，不能为了解开真实信息而导致另一件不正义的事情发生。南京彭宇案，法官换位思考了，但是，其以“如果被告是见义勇为做好事，更符合实际的做法应是抓住撞倒原告的人，而不仅仅是好心相扶”作为推理前提，违背了道德信仰，引起轩然大波。法律人一方面要努力破解信息不完备的困境，另一方面又不能违背必要的正当性规则的限制，这一限制既有法律的限制，也有道德的限制。

微课 19 从实体法和程序法的角度分别讨论了克服信息不完备的两个案例。信息不完备有时候源于一方的刻意隐瞒，否定“撞了白撞”以消除一方可以隐瞒的动机，辩诉交易、认罪认罚从宽则是给嫌疑人坦诚事实的激励。

第五讲　容纳矛盾

真实世界经常就是这样，它会在书本理论上叠加一个意想不到的维度。在法律思维中，第五个意想不到的维度可以概括为容纳矛盾。F.S. 菲茨杰拉德说："一个人同时保有两种矛盾的观念，还能正常行事，这是第一等智慧的表现。"套用到法律思维领域，不讲单一的原则，能容纳不同的观点，又能正常进行法律思维，是重要的法律智慧。俗话说，在手拿铁锤的人看来，世界到处都是钉子。在真实世界，你不仅要有铁锤，还要有剪刀、叉子、渔网等。

在书本里，法律是逻辑内在统一的规范体系，但在真实世界，你不仅要认识到法律是正义的体现，还要认识到自由、秩序、效率也很重要；你不仅要认识到法治的价值，还要认识到法律的局限性。在一般人的印象中，法律只有一张面孔，规定在纸上的法律就是最佳的。而在真实世界中你会发现，从不同人的视角理解法律就会有不同的含义，在不同时间点理解法律就会有不同的含义，从正义、自由、效率、秩序等不同价值出发理解法律就会有不同的含义，你必须在头脑中容纳相互矛盾的不同看法。

微课 22
"守法公民"被逼成"非法公民"，怎么办？

《守法公民》是由杰米·福克斯和杰拉德·巴特勒联袂主演的心理惊悚片。

主人公克莱德是居住在费城某小镇的一名治安警员，他有着美丽的妻子和可爱的女儿，生活幸福美满。一天晚上，他们平静的生活被两个夺门而入的劫匪打破，先是克莱德在没有丝毫防备的情况下被冲进来的两个暴徒痛打一番。受伤倒地的克莱德被暴徒绑住手脚，封住嘴，其后，破门而入的歹徒，就在他的面前，野蛮地强奸他的妻子和女儿，并将她们杀害。惨剧发生后，凶手很快被抓获，主控官尼克·赖斯接手了此案。

正当克莱德全部寄希望于法律的公正裁决时，案件主控官尼克带来了十分不利的消息。首先是取证上存在问题，其次是对方的律师团使用了一些"黑手段"。主控官尼克为了保持他经手案件的高定罪率以及为了尽快结束案件，选择了妥协折中，与其中一名犯人暗中达成交易，将杀人罪名都归结在了他的另一位同伙身上，致使其被判死刑，而真正强奸克莱德妻子并杀死他女儿的凶手则最终只判处 10 年监禁。对于检察官尼克而言，他认为自己已经最大限度地惩治了罪犯，因为那两名罪犯很有可能因证据不足而逍遥法外。故事至此本该结束了，凶手方和司法方都接受了这个结果。但是克莱德无法接受，因为真正的罪犯没有得到应有的惩罚，他认为法院应当按照公平正义原则判处该犯死刑。

认为正义得不到伸张的主角克莱德用 10 年的时间精心设计了一个复仇计划，所有与此案件有关的人员，都在他的暗杀之列。他警告尼克，如果他不能揪出腐败的司法体制的幕后黑手，还他的家人以公道，所有当年涉及这宗案件的人甚至尼克的家人都将为此付出生命代价。随着一起起谋杀案的接连发生，被囚禁在狱中的克莱德的警告变成了现实，司法部门接连遭受重创，整个城市陷入恐慌，政府随即宣布进入紧急状态。还好，克莱德最后被自己制造的炸弹炸得尸骨无存。

电影《守法公民》似乎要描写一个好端端的“守法公民”因为“司法不公”最后被逼成“杀人狂魔”的故事。很多影迷大呼本片过瘾，认同克莱德的行为，敢于挑战美国司法制度，以一种极端的报复方式弥补法律在公平公正方面的不足。豆瓣上不少短评也都是这种心态。

但是，影迷们没想到，在现实生活中，如果真的有一个人以这样极端的报复方式追求司法的绝对公正性，我们这个社会能承受这样的代价吗？公正的司法过程除了健全的司法制度外，还依赖于司法工作者个人的品德情操、法理认知甚至性格特点等。本片中，司法制度本身和主控官尼克个人的操守的确有待改进，克莱德指责检察官尼克只是为了“对自己工作有利”而不是为了正义也有一定的道理，但是，即便有公正的司法制度和更高明的司法工作者，也很难保证法律执行的绝对公正。片中杀害克莱德妻女的主犯仅获轻刑，而从犯却被送上了电椅，的确有违司法公正，但是，克莱德的极端报复行为更是可恨。本片是一部给美国司法制度挑刺的电影，有所谓完备的法律，但是罪犯却得不到应有的惩罚，这是对民主社会法律的一个莫大讽刺。以轻刑换取口供，获得执法的效率，固然在一定程度上牺牲了公正，但它实现了本来可能无法实现的公正，也节省了社会资本——社会不可能不计成本地耗费资源解决过去的纠纷。改进司法程序无疑很有必要，如增加司法资源、减少辩诉交易案件的比例，但是，改变心中那种绝对正义的执念更为重要。当事人必须学会去理解和接受一个对己不利的判决，接受审判过程的终结。

面对不利的判决，要懂得妥协的重要性。当然，除妥协外，以合法的方式寻求救济或者推动法律制度的改变也是可行的，在体制内诉求渠道不通时，公民甚至还可以诉诸不服从。公民不服从，也称公民抗命，是公开、非暴力地反对某项已经生效的具有普遍约束力的法律和政策，目的是促使该项法律和政策发生改变。罗尔斯在《正义论》里面对“公民抗命”有详细的定义：

(1)它是一种针对不正义法律或政策的行为：是出于公共利益的重视而不得已采取的手段。

(2)它是违法的行为：是一种比一般示威行为更激进的抗议方法，因为后者是合法的，而它却是非法的。它采取的违法手段，可能是间接的，如通过违反交通法规来抗议另一项法律；也可能是直接的，例如，在“非裔美国人民权运动”中，黑人故意进入法律禁止他们进入的某些公共汽车以显示该法律的不正义。

(3)它是一种政治行为：它是向拥有政治权力者提出的，是基于政治、社会原则而非个人原则的，它诉诸的是构成政治秩序基础的共有正义观。

(4)它是一种公开的行为：它不仅诉诸公开原则，也公开地作预先通知而进行，而不是隐藏的或秘密的。

（5）它是一种“非暴力”的行为：是在忠诚法律的范围内（虽然是在这范围的边缘上）对法律的不服从。这种忠诚是通过公开、和平以及愿意承担违法的后果来体现的。

克莱德的极端报复行为显然已经不属于罗尔斯定义的“公民抗命”这种暴力行为，不管是以合法评价还是从公民不服从的角度看，都是应该受到谴责的。面对有问题的法律，可以质疑法律，甚至不服从，这是公民的权利，不过，质疑应该是有限度的。哈维·C.曼斯菲尔德和乔治·W.凯利在《学科入门指南：政治哲学·美国政治思想》一书中这样说，“没有任何社会，即使是我们如此自由的社会（原书指美国），能够接受将所有法律和惯例进行公开的质疑”。当质疑达到一定程度时，政府以及社会也就崩溃了，如果没有推进和重建社会的能力和可能，质疑就没有必要了。也就是说，对法律的质疑应该是建设性的。

微课 23
为什么绝对的正义无法实现?

——人本不能对人的行为作裁定

法律的应用是“以事实为根据，以法律为准绳”，但是，不同人对于事实与法律的看法各不相同，谁的法律应用才是权威的呢？这涉及一个重要命题——人本不能对人的行为作裁定。

人人平等，没有人可以对他人的人身和财产享有权利。也就是说，当一个人的人身和财产权利受到他人伤害时，他就拥有对伤害其人身和财产的行为进行惩罚的权利。但是，如果每个人都根据自己的意见对他人的伤害行为进行惩罚，社会将陷入战争状态，因为不同主体对是否存在伤害总是有自己的看法，总是会存在争议，而且，假定伤害能明确，人们通常也不会自愿接受来自平等主体的惩罚。不过，如果因此就对争议放任不管，争议就会激化，然后引起新的争吵，社会同样会进入战争状态。防止社会陷入战争状态，需要建立一个高于个人的国家公权力，由它来裁判伤害争议案件并执行惩罚。但国家也是由人组成的，人的理性是有限的。人如果具有完全的理性，就能自行解决纠纷而不会陷入战争状态，就不需要由国家来解决纠纷了。

“你作为一名法官，凭什么揣测我们夫妻之间的感情，得出这样的结论？！”这是一对“80后”小夫妻对某法官的质问。这个看似无厘头的质问倒是提出了一个问题：人心隔肚皮，法官凭什么断案呢？要有怎样一套制度才能保证法官的权威呢？

人与人的纠纷必须由高于个人的国家来裁定，但是，由人组成的国家是存在缺陷的，存在理性的不足，绝对的权力绝对导致腐败。现代法律通常通过这样几个方法来克服公权力在解决人与人纠纷时的不足：一是国家内部的分权制衡，即国家权力划分为立法、行政、司法（法院）等不同组成部分，并由司法（法院）解决纠纷，在国家权力的各组成部分中，司法（法院）最能保证公正，司法是正义的最后一道防线。二是建立以诉讼法为主的公正解决伤害争议案件的程序，以程序正义来保证纠纷解决的正义。但是，这些方法只能部分解决公正问题，可以说，绝对的公正是实现不了的。著名律师克莱伦斯·丹诺说："庭内庭外，都无所谓真正意义上的公正。"

就分权制衡而言，制衡在克服公权力垄断和保障个人自由的同时，也存在很多无力解决的问题，政治学家福山针对美国国会超级委员会未能就预算达成协议，悲愤地指出"现在的美国奉行的是'否决政治'"，制衡与否决有导致政治瘫痪的可能。

就程序正义而言，它本身也是有局限的。在古罗马神话中，朱斯提提亚（Justitia）是一位双眼被布蒙住的女神，她右手执一把长剑，左手持一个天平，主掌法律，被称作正义女神。正义女神为什么要蒙上眼睛？这是由理性有限决定的，法官、检察官、律师，以及所有参与司法过程的人员，都不是神，没有办法一眼就看出谁是好人，谁是坏人。理性有限，每个人（包括法官）关于事实和法律的分析可能都有其独特的价值，也可能都有缺陷，那么，法律如何裁判呢？必须无视纷争者的身份，才能不感情用事，不让亲疏决定善恶，也就是"蒙上眼睛"。如此看来，蒙眼正义只是不得已而为之的正义程序，无法实现绝对公正。

法律的最终目标是正义，但是，一个在真实世界运用法律的人却要时刻提醒自己：法律不可能对所有已发生的事件都找到一个唯一正确的答案，很可能存有不同的意见。据统计，美国最高法院，只有 1/4~1/3 的案件，法官们能够在妥协中达成一致意见，而那些法官达成一致的案件，当事人还是会有不同的意见。按自己认定的正确想法行动，这是人的本能；追求正义，这是法律的本意。但是，人类具有不可避免的无知，理性有限，人制定的法律也会有局限，不一定能代表真正的正义。死守心中的正义而不管法律，会背离正义；而如果死守法律，同样也可能背离正义。我们需要对正义有一种弹性的理解，或者，坚守心中的正义，但是对他人、对社会、对法律多一分宽容。法律是分配权利义务的行为规范，并据以定分止争，目的是解决人的共处问题，而不是要解决人生意义的问题，不是要做到绝对正确。即使你认为人生有绝对的真理，这也不能直接运用到法律上，寻求与他人的适当妥协，是保证法律正当性之要义。在运用法律的过程中，要克制心中的正义冲动，培根说，“一次不公正的审判比数次犯罪为祸尤烈”，但并没有说会彻底毁掉社会的存在，面对不公正的审判，当然可以抗议，但也要衡量利益得失，绝不能为了正义冲垮自己和社会，况且某些个案正义的缺失可能是法治得以顺利运行的成本。如果说法律是一张网的话，触犯法律的人，“小的”或许可以穿网而过，“大的”或许可以破网而出，只有“中的”才会坠入网中，并不是每个违法的人都会被追究，并不是在每一件事上都能实现正义。保护好人，惩罚坏人是法律应有的正义，但是，世界上不存在“不放过一个坏人、不冤枉一个好人”的完美的司法制度。在真实世界运用法律当然应该追求正义，但也要懂得妥协。

当你要求绝对的正义，追求一切冤屈得到洗雪，正义可能就变成了罪恶。

罗兰夫人于1793年11月8日被雅各宾派送上断头台。临刑前在自由神像留下了一句为后人所熟知的名言："自由，自由，多少罪恶假汝之名以行！"

雅各宾派也自认为是在追求自由，为什么对自由的追求成为罪恶呢？雅各宾派主要领导人之一罗伯斯庇尔的这句话就是最好的注脚——"我们要求一切冤屈得到洗雪，不管造成冤屈者身份、地位如何。但愿再也不会看到压迫者用任何借口无视羸弱的被压迫者的呼声！"人类具有不可避免的无知，人类理性永远有局限。一切冤屈得到洗雪，这是人类不可能实现的愿望。

面对屠杀的质问，罗伯斯庇尔反驳："我们怎么能以一个一成不变的尺度去衡量如此巨大的动荡所带来的后果？"在他看来，流血正当且必要，因为"整个世界，还有我们的子孙后代都只会把这些事件看成神圣事业的辉煌成果"。但在今天看来，雅各宾派的所谓"神圣事业"在很多方面都是错的，按照这一理想消灭罪恶，就是在消灭自由，消灭正义。即使雅各宾派的理想正确，即使我们的目标正确，但是，落实目标的过程也不可避免地存在无知，因此，必须坚持程序正义，面对我们认为罪恶的东西也不能赶尽杀绝，要保有一定程度的宽容和妥协。

微课 24
无罪的辛普森为什么还要赔偿?

真实世界的法律思维要求我们容纳自己本不认同的法庭判决,而容纳的关键应该是重构对法庭的认识,法庭的任务并非确定一个案件的客观真实,它不负责宣告这些确定性的事情。它只是判断一起案件中的证据是否达到了证明标准。这一点可以从辛普森案得到贴切的解释。

1994 年,前美式橄榄球运动员辛普森杀妻案成为当时美国最为轰动的事件。最后因为洛杉矶市警方在调查案情过程中,未能严格遵循正当程序,出现了一系列严重失误,致使辛普森的律师团能够以较充分的理由向陪审团证明,辛普森未必就是杀人元凶,很有可能有人伪造罪证,用栽赃手法嫁祸辛普森。由于证据不足,在用刀杀害前妻及餐厅服务员两项一级谋杀罪的指控中,辛普森均被陪审团认定为无罪,当庭释放。

美国刑事、民事是分开的,这起刑事案件中的被害人亲属又起诉辛普森,要求他进行民事赔偿,最后他们胜诉了。1997 年 2 月 4 日,民事陪审团作出裁决,一致认定辛普森对两名受害人之死负有责任,并裁决辛普森赔偿原告方 850 万美元,另外还裁决辛普森向两名受害人家庭各支付 1250 万美元的惩罚性赔偿金,辛普森支付的赔偿共计 3350 万美元。刑事法庭认为辛普森无罪,因为证据不充分,而民事法庭却认为辛普森是杀人犯,所以要赔偿受害人家庭。

杀人就是杀人，但是，在这里，同一个事实在刑事案不是杀人，而在民事案中却被判为杀人。时间不可逆转，过去发生的事件不可能重现于法庭，对案件事实的查明是一种回溯性的证明，只能用证据去“再现”。以证据推论的方式对诉讼中的争议事实加以“再现”，不可避免地会受到主、客观因素的影响，难以达成绝对性的认识。法官的任务并不是要挖掘事情的客观真相，更确切地说，他们的任务是判断——证明一个诉讼请求的证据是否达到了证明标准。辛普森在刑事案中的胜利只是表明指控他的证据没有满足刑事案件中的证明标准——排除合理怀疑的证明，即无任何合理怀疑地证明辛普森杀害了尼科尔和戈尔德曼；而在随后的民事案件中，法庭认为起诉他的证据达到了适用于美国民事案件的证明标准——优势证据的证明，即辛普森对两名受害人之死负有责任的可能性大于其不负责任的可能性。超过半数美国人认为辛普森有罪，同时，绝大多数美国人认为辛普森受到了公正的审判，他们认为，如果自己是法官，也会判他无罪释放，因为此案的确证据不足。

在我国，刑事诉讼法和民事诉讼法也各有不同的标准。现行《刑事诉讼法》和《民事诉讼法》对证据的要求是“证据确实、充分”，不过，何为“确实、充分”则各有不同的体现。

刑事诉讼的证明标准必须达到“排除合理怀疑”。《刑事诉讼法》第 55 条第 2 款明确规定：“证据确实、充分，应当符合以下条件：（一）定罪量刑的事实都有证据证明；（二）据以定案的证据均经法定程序查证属实；（三）综合全案证据，对所认定事实已排除合理怀疑。”所谓“排除合理怀疑”，包括以下 4 层含义：（1）合理怀疑是有根据的怀疑，而不是无根据的怀疑，怀疑者本人能清楚地说明怀疑的根据是什么；（2）排除合理怀疑的证明并不排除所有的可能性，而是排除那种有根据的可能性；（3）排除合理怀疑的证明要求法官对指控的犯罪事实形成内心确信，深信不疑；（4）在存在合理怀疑时，法官应当作出有利于被告人的认定结论。“排除合理怀疑”原则要求法官在作出有罪判断时达到一种确信，以至于除了有罪判断外，不可能存在其他合理的推论。

被害人A某回到家中时已经是深夜，疲惫不堪的她躺在床上就睡着了。朦胧中感觉有人正在脱自己的内衣，起初她以为是丈夫回来了，也没有睁眼。当这人欲与其发生关系时，A某的感觉告诉自己：这不像是自己的丈夫！她睁眼一看，发现的确不是自己的丈夫。随即用力推开此人，并高喊：“抓坏人！”来人见势不妙，赶忙逃窜。此时，A某的丈夫刚好走进院门，案犯已翻过院墙跑远了。A某和丈夫追到村西，恰遇在本村当电工的B某从地里回村，A某指认B某就是罪犯，当时就与随后赶到的其他村民将B某扭送到公安机关。县公安局侦查终结后移送县检察院审查起诉。县检察院以B某涉嫌强奸（未遂）罪向县法院提起公诉。最后，经律师辩护，县法院宣判B某无罪，将其予以释放。这是乔维刚律师亲述的一起真实案件，刊载于华律网上。

为什么无罪辩护会成功呢？接受委托后，公诉机关询问被害人A某的一份笔录材料引起了乔律师的注意。A某在陈述中说：当天夜里被告人翻墙跳出院墙时，在墙外留下了一个“靴印”。但被告人B某供述当天穿着一双胶鞋，经核查，法庭认定了B某案发当晚穿的确实是胶鞋这一关键性事实。抓住“靴”与“鞋”一字之差，且本案没有其他物证（公安机关曾在罪犯遗留的印迹处制作了印模作为物证，但由于石膏失效没有保存下来）能够证明被告人B某当晚曾到过案发现场，乔律师提出本案的证据无法形成完整的证据链条，不能排除合理怀疑。县法院的合议庭对乔律师的辩护意见极为重视，经报该院审判委员会研究，采纳乔律师的辩护意见，宣判 B 某无罪。

民事诉讼的证明标准则是高度盖然性，即证据能够基本倾向于证明案件事实即可，并不需要像刑事诉讼中一样，必须达到“排除合理怀疑”的证明标准。最高人民法院《关于适用〈中华人民共和国民事诉讼法〉的解释》第 108 条第 1 款规定：“对负有举证证明责任的当事人提供的证据，人民法院经审查并结合相关事实，确信待证事实的存在具有高度可能性的，应当认定该事实存在。”

2022 年 1 月 18 日下午 5 时 59 分许，在上海市嘉定区 ×× 路 ×× 小区内，原告与其外公下楼后走在小区内小道上，适逢被告骑自行车转弯后行至该处，被告自行车行入原告及其外公中间，原告跌倒受伤。

事发时原、被告是否发生碰撞，原告伤情是不是与被告自行车发生碰撞造成的？被告辩称无证据证实原告伤情系被告原因造成，否认其是小区内部道路视频中骑自行车男子。

尽管被告辩解，法院认为，在现有证据情况下已达高度盖然性证明标准，认定原告伤情系与被告自行车发生碰撞所致。首先，从现有证据来看，小区内部道路视频、原告第一时间报警电话陈述、事发次日原告外公在辖区派出所询问笔录中的陈述，均可确认事发当日原告与一骑自行车男子交会后跌倒受伤。其次，2022 年 6 月被告在辖区派出所询问笔录中陈述，亦确认事发当日一男孩在其右前方跌倒受伤，虽被告否认与男孩直接发生碰撞，但该陈述与小区内部道路视频显示的内容在时间、地点、人物等均一致，在没有相反证据的前提下，可以认定被告即为该视频中骑自行车男子。最后，小区内部道路视频显示，原告与被告自行车距离极近，且原告跌倒时脸部并未着地，结合原告的身高等因素，原告额部裂伤系与被告自行车发生碰撞所致。

法庭的任务只是判断一起案件中的证据是否达到了证明标准。从这个意义上看，法庭的判决是程序意义上的裁判，而不是实体意义上的盖棺定论，法院宣判辛普森无罪，只是在法律事实上确认了辛普森无罪，而非在客观事实上确认了辛普森无罪。公正程序下的败诉可以理解为技术上的失败，而不是正义对自己的辜负，这样我们才能接受和从容地面对一份判决书中那些言之成理的不同意见。

微课 25
法庭的判决常常面对概率类事实

微课 24 讨论了由证据认定的事实与客观事实之间可能存在距离，法院的判决是一个概率问题。刑事诉讼要求极高的概率，当证据认定的事实能排除合理怀疑时才能定罪量刑；而民事诉讼要求的概率，只要到明显优势证据标准就可以了。这一节微课，我们讨论的是：一些客观事实本身的因果关系也是一个概率问题。

一位船员从船的一侧落入大海，一会儿就被一只乌贼夺去了生命。如果扔给他一条绳子，他可能就会获救，但船长出现了错误，把所有的救生装置都忘在岸上了。船员的家属起诉船长，要求船长对船员的死亡承担责任。这是来自《高手：解决法律难题的 31 种思维技巧》的一个假设案例。

在这个案例中，船长是否应该承担责任呢？这涉及两个问题：一是船长在装备不良（没有带救生绳）的情况下出海，这已经得到证明；二是这条绳子能否救助这位船员，它可能有办法，但也可能没办法，因为乌贼动作太快了，你扔绳子也没用，这个不确定的事实准确讲应该是一个概率问题，例如 30% 的可能性，50% 的可能性，或者 80% 的可能性。

关于这个案件的判决有两种思路。第一种思路是假设由于这位船员的死亡，他的亲属损失了 10 万美元的收入。如果这条绳子挽救船员的生命有 30% 的可能性，则损失 3 万美元。如果这条绳子有 80% 的可能性能挽救他的生命，则船长需要赔偿 8 万美元。第二种思路是根据“全有全无”的思路来确定，法庭要回答的：原告在证明一条绳子能够挽救这位船员的生命的问题上是否具有证据优势。大部分法庭以 50% 为标准，这条绳子挽救船员生命的可能性低于 50%，船长不需要赔偿；如果这条绳子挽救船员生命的可能性高于 50%，则船长承担全部责任，赔偿全部的 10 万美元。船长要么全赔，要么不赔，尽管这条绳子是否会起到救助作用的答案可能永远无法确定。你可能认为第一种思路让我们案件判决的可信度增加，但是，事实上，大量案件采用的是第二种思路。

在强奸案中，有的是使用暴力或威胁等明显违背妇女意志的手段强行与妇女发生性关系，这类行为定性为强奸罪基本上没有争议。还有一些行为并没有使用明显的暴力、威胁手段，带有“半推半就”的性质，例如，发生在“网聊”“约炮”过程的陌生人之间或者熟人之间的某些性关系就可能带有这种性质。所谓“半推半就”，自然有“推”的表现，也有“就”的表现，并不是纯粹违背妇女意志，同意与不同意交集在一起，但是，当法律需要判断这种行为是否构成强奸罪时，它用的是“全有或者全无”概念，或者属于强奸罪，或者不属于强奸罪。不同意就是性侵，同意就是两情相悦。什么是同意呢？法律上的同意是一个“全有全无”的概念，而人的心有时是“同意与不同意”交织在一起的。从这个意义上来讲，法律是有局限的，它常常用“全有全无”来判断人无比复杂的心。

车祸发生的原因可能是故意、过失，也可能是不可抗力。车是人驾驶的，不可抗力引起的车祸，肯定也有人的因素，车行驶过程中发生的事情既可控又不可控，某些被认为是故意、过失的车祸，其实也可能包含不可抗力因素。怎么认定呢？这常常也是一个概率判断问题，当人的因素占的比例比较大时，可能就会被认定为故意或过失；当人的因素占的比例比较小时，可能就会被认定为不可抗力。

1997年8月30日晚，戴安娜王妃与男友多迪在前往巴黎的一次车祸中遇难。1999年法国司法部公开车祸调查结果，指出车祸缘于肇事司机酒后驾驶。但是，导致悲剧的原因应该不止这一点。很多人认为，由于受到“狗仔队”的围追堵截，戴安娜与男友多迪为摆脱一帮摄影记者的追逐，才会发生车祸。有报纸称，肇事车辆曾被人盗去控制刹车的电脑中枢组件，令人怀疑车祸可能与汽车机件故障有关，虽然这查无实据，但是你能绝对排除机械故障的可能吗？还有一些舆论认为此案涉嫌谋杀。

2006年12月14日，英国警方公布戴安娜王妃及其男友多迪的死因调查报告，认为这起车祸纯属事故，没有任何证据证明车祸与谋杀相关。车祸发生时开车的司机保罗确属酒后超速驾驶，车上的人也未系安全带。而法国死因庭也在2005年5月裁定这是一起交通意外。尽管关于车祸原因的很多猜测背离了客观事实，不值一提，但是，“车祸是缘于肇事司机酒后驾驶”这样一个结论，准确地讲，只是对客观事实的一个概率判断，因为此因素概率较高，就归结于此。

法庭常常只是以“全有全无”的思路来确定有概率的事实，这种情况再次表明法律不可能对已发生的事件获得一个绝对的、唯一正确的答案。

微课 26
李某故意杀人案

——对同样的事实无法得出一个统一的结论

如果说辛普森案件更多体现在事实的争议上，那么李某故意杀人案则是法律本身的模糊性。

李某是云南省巧家县茂租乡鹦哥村村民，2009 年 5 月 16 日，将同村的 19 岁女子击昏后强奸，强暴后使用锄头将该女子敲打致死，之后又将该女子年仅 3 岁的弟弟摔死，极其凶残。2010 年 7 月 15 日一审判决：因犯故意杀人罪判处其死刑，剥夺政治权利终身；犯强奸罪，判处有期徒刑 5 年。数罪并罚，决定执行死刑，并处剥夺政治权利终身。民事赔偿家属损失 3 万元。

2011 年 3 月 4 日，云南省高级人民法院二审结果为故意杀人罪、强奸罪判处李某死刑，缓期二年执行。法院的理由是："被告人李某在犯罪后到公安机关投案，并如实供述其犯罪事实，属自首；在归案后认罪、悔罪态度好；并赔偿了被害人家属部分经济损失，故上诉人李某及其辩护人所提被告人具有自首情节，认罪、悔罪态度好，积极赔偿被害人家属的上诉理由和辩护意见属实，本院予以采纳。鉴于此，对李某应当判处死刑，但可以不立即执行。"

2011 年 8 月 22 日，云南省高级人民法院在昭通市开庭再审此案，撤销原二审死缓判决，改判李某死刑，剥夺政治权利终身，并依法报请最高人民法院核准。法院的理由是："被告人李某因求婚不成及家人的其他琐事纠纷产生报复他人之念，强奸、杀害王某后，又残忍杀害王某年仅 3 岁的弟弟，其行为已分别构成强奸罪、故意杀人罪，且犯罪手段特别残忍，情节特别恶劣，后果特别严重，社会危害极大，虽有自首情节，但不足以对其从轻处罚。原二审判决认定事实清楚，证据确实、充分，定罪准确，审判程序合法，但对李某改判死刑，缓期二年执行，剥夺政治权利终身，量刑不当。"

《刑法》第 48 条第 1 款对死刑适用作了如下规定："死刑只适用于罪行极其严重的犯罪分子。对于应当判处死刑的犯罪分子，如果不是必须立即执行的，可以判处死刑同时宣告缓期二年执行。"回到本案，李某的死刑是否属于"不是必须立即执行的"，自首是否足以从轻处罚，既有的法律规定并没有提供一个明确的结论。法官在审判过程中的自由裁量，既可能指向死刑立即执行的判决结果，也可能指向死缓的判决结果。李某故意杀人案的争议是法律普遍存在的争议。由于法律规定的模糊性和解释的多义性，对同样的事实经常无法得出一个统一的法律结论。

微课 27
为权利而斗争

真实世界的法律思维，必须懂得容纳矛盾，但除了容纳矛盾还应该如何呢？这可以结合“公民如何对待法律”这一大话题加以理解。公民如何对待法律？包括两大主题：第一，守法，不违背法律；第二，为权利而斗争，当他人违背法律侵害到自己的权利时，要懂得为权利而斗争。为权利而斗争，也是守法，但体现的是主动守法、积极运用法律的态度。

为什么要守法？林肯在《如何让我们的政治制度永世长存？》一文中有精彩的分析。在这篇文章中，林肯关注了美国制度的危险。会不会有一个大西洋彼岸的军事巨人远涉重洋，一举把美国毁灭呢？

林肯说：“绝不会！所有欧洲、亚洲和非洲的军队联合起来，把地球上的全部财富（我们自己的除外）作为他们的军事费用，由一个拿破仑率领着苦战一千年，也休想依靠武力在俄亥俄河喝上一口水或者在蓝岭留下一个足迹。”

在林肯看来，危险只会来自内部，来自不遵守法律。“如果危险果真来临，它必然是在我们内部产生，而不可能来自外部。如果我们命该遭殃，那么始作俑者必然是我们自己，最后下毒手的也是我们自己。作为一个自由国家我们必须永世长存，不然就自杀身亡。”

问题又来了：“我们应该如何加强力量来防止危险？”林肯认为，答案是简单的，让每一个美国人，每一个热爱自由的人，每一个希望子孙后代平安顺遂的人，以独立战争的鲜血起誓，绝不丝毫违反国家的法律，也绝不容许别人违反法律。

公民对待法律，首先要遵守法律，服从法律。法律有强制力，遵守法律更能保住个人的利益；法律涉及整个共同体安全，遵守法律也将有利于共同体的长远利益。因此，即使法律是背离个人理想的法律，一般仍应选择遵守法律，只有在极少数特定情况下可选择抗命。不过，守法，不违背法律，只是一种消极地运用法律，只能部分地保住我们的自由；还必须积极主动运用法律，不容许别人违反法律，即为权利而斗争。

在中国传统的法律文化中，“厌讼”心理根深蒂固。《易经》的六十四卦中，就有一卦为“讼”卦，《讼》：有孚，窒惕，中吉，终凶。意思是说：讼则终凶，诉讼的最终结果往往是不吉利的。老百姓的“厌讼”心理古已有之，有“冤死不告状”之说，受到违法行为侵犯，委曲求全，忍气吞声。官府有时也是不问是非，一味消除矛盾。

孔子做鲁国的大司寇时，有父子二人来打官司，父亲控告儿子对其不敬不孝，要求孔子予以惩处，儿子也指责父亲的过失，两人在公堂上争吵不休。孔子采取的办法是将他们羁押在同一间牢房里，过了三个月也不判决。后来，父亲请求撤回诉讼，孔子就把父子二人都放了，一件官司就这样不了了之。

孔子的做法显然与现代法治观念相背离。容纳矛盾不是一味妥协，不是“冤死不告状”，不是“和稀泥”，而是要主动运用法律，在“为权利而斗争”中妥协。

公民为什么要为权利而斗争呢？

第一，法律多数情况下是被动的，不告不理。徒法不足以自行，法律不会自动站出来，没有人挺身而出拿法律说话，法律就什么也不是。法律不保护躺在权利上睡觉的人，保护自己的第一责任人是你自己。

第二，法院必须居中裁判。理性有限，每个人（包括法官）关于事实和法律的分析可能都有其独特的价值，也可能都有缺陷，那么，法律如何裁判呢？需要通过正义的程序。什么是正义的程序呢？其核心要素是法院居中裁判，每个人的理性判断都可能为个人利益左右，因此需要居中。法院居中裁判，保证中立，就是对所有的人一视同仁。正义女神的眼睛是用布蒙上的，只有蒙上眼睛，无视纷争者的身份，才能不感情用事，不让亲疏来决定善恶。法院必须蒙上眼睛。这意味着，在程序中，公民应该主动作为，为权利而斗争，积极运用法律。

第三，法律规定本身可能有问题，你的积极争取，可能让法律的解释更有利于正义。因为理性有局限，所以要让法院居中裁判。同样也因为理性有局限，法律本身会有问题。

第四，这也是对公共事务负责的态度。在法律失效的地带，人们依靠暴力和欺诈进行生存斗争，而让法律失效的原因之一就是你忘记了维护自己的权利。为权利而斗争，不仅是对你个人权利的保护，也是为整个共同体的自由和法治做贡献。如何让我们的政治制度永世长存？林肯说："绝不丝毫违反国家的法律，也绝不容许别人违反法律。"绝不容许别人违反法律，就是主动运用法律，就是为权利而斗争。从这个意义上讲，主动运用法律也是对政治制度的保护，是我们对共同体负责的态度。

本讲小结
如何容纳矛盾?

在真实世界应用法律，必须在头脑中容纳相互矛盾的不同看法，而且还能正常行事。

第一类矛盾源于原则与规则的矛盾。法律规则是法律原则的具体化，是对许多法律原则进行平衡或衡量的结果。立法通过对不同原则进行权衡，使原则以不同分量统一在规则之中。微课 22，电影《守法公民》中杀害克莱德妻女的主犯仅获轻刑，而从犯却被送上了电椅，的确有违司法公正，但却是“以轻刑换取口供”的法律规则适用的结果。“以轻刑换取口供”规则体现了效率与公证之间的权衡，为了效率在一定程度上牺牲了公正。这种权衡在立法上得到肯定，但克莱德无法认可。法律规则以“全有或全无的方式”适用个案，而法律原则的适用则不同，不同原则可以适用于同一个案。当以原则而不是以规则思考法律问题时，我们很可能就是矛盾的。面对这种矛盾，正常行事的准则要求我们必须以规则优先原则的要求适用法律，除非规则存在需要通过原则填补的漏洞。这不意味着我们就不能采用原则思考法律问题，生活是动态的，采用原则思考问题可以让法律更具活力，但需要在正常行事的范围内展开，必须是建设性的，而不是克莱德那种极端的行为。

第二类矛盾源于法律规则本身的模糊性。微课 26，李某的死刑是否属于“不是必须立即执行的”，自首是否足以从轻处罚，既有的法律规定并没有提供一个明确的结论。法官在审判过程中的自由裁量，既可能指向死刑立即执行的判决结果，也可能指向死缓的判决结果。由于法律规定的模糊性和解释的多义性，对同样的事实经常无法得出一个统一的法律结论。对此，法官要通过法教义学解释追求法律的统一正解，但是，这经常是可遇不可求的。法官衡量的结果可能有利于我们，也可能不利于我们。面对这类矛盾，正常行事的准则是积极运用法律，如微课27所讲的“为权利而斗争”，但是，如果最后结果不如意，那则有必要作出妥协，容纳与自己相矛盾的看法。

第三类矛盾源于法律实施中的局限。“人本不能对人的行为作裁定”，由理性有限的人裁决案件存在可不避免的局限。法官、检察官、律师，以及所有参与司法过程的人员，都不是神，没有办法一眼就看出谁是好人，谁是坏人。理性有限，每个人（包括法官）关于事实和法律的分析可能都有其独特的价值，也可能都有缺陷。面对这类矛盾，如微课23所论述的，法律通过程序处理，因此，正常行事的准则意味着我们必须尊重程序，接受程序的结论。这种接受本身是正常行事，也是容纳矛盾。法律思维需要容纳不同的观点又能使我们正常行事，其核心要点是程序，在实际法律应用中，必须坚持程序优先于实体。

邓析是中国律师业的鼻祖，名辩思潮的开拓者，做出过卓越贡献。但郑国国君认为邓析“操两可之说，设无穷之辞”，“以非为是，以是为非，是非无度”，最后罗织罪名将他杀害。法律本身存在矛盾，否定矛盾就等于扼杀法治，法治需要对不同法律见解保持宽容度。不过，矛盾的存在也让法律少了几分权威和正义，让法律与科学多了几分距离，因此，法律界还必须有追求法律的统一正解的努力。

在实际法律行动中，我们坚持程序优先于实体，而在实体法思维中，则需要努力按照科学要求构造法律的统一正解。一种有效的方法是分离。

例如，当人们面对剥夺他人生命是不正当的观念与堕胎是可接受的观念之间的对立时，人们往往会将生命的概念一分为二：一般生命与人的生命。在这种情形下，“一般生命”可能会包括所有有机体的生命，而“人的生命”则仅限于具有诸如自由意志等人的特有品质的生命。通过这一区分，前述不相容性就可以避免，因为堕胎可以仅视为对“一般生命”而非“人的生命”的摧毁。〔1〕

微课24，面对实体上的判断与程序上的结论存在不一致的情形，我们提出了一种分离方法：法庭的判决是程序意义上的裁判，而不是实体意义上的盖棺定论，法院宣判辛普森无罪，只是在法律事实上确认了辛普森无罪，而非在客观事实上确认了辛普森无罪。微课25，面对因果关系的认定，我们提出的分离方法是：一些客观事实本身的因果关系也是一个概率问题，被认为是因的行为并不是说它是造成结果的唯一原因，而是指它在其中起到了一定的作用，具有相当的概率。

分离的方法意味着法律研究的精确性，即将法律的正确性视为特定预设和条件下的正确性。欧洲很多国家废除了死刑，如果这种法律是正确的，那么只能说在那些特定国家是正确的，换一个国家或者地区就不一定正确了。科学的实际操作方式是：从世界之中切

〔1〕 参见杨贝：《裁判文书说理的规范与方法》，法律出版社2022年版，第195页。

割出一个局部，建立理想化模型来描述这个局部。所有科学观点都是有条件的假设。某些科学理论被推翻，并非它错了，而是超出其解释范围了。例如牛顿力学与相对论，牛顿力学只是不适用于微观世界和高速世界，而不是错了。处理法律矛盾的分离方法，与科学操作方式具有异曲同工之处。在分离方法之外，科学通过体系化来保证理论的可靠性，法律同样有这一种处理方法，第十讲对这个问题将有进一步讨论。

最后，面对法律本身的矛盾，还有另外一种处理方法，即法律不介入其中，由当事人自由协商解决纠纷。这种情况其实就是让法律矛盾不出场。调解就是这样一种纠纷解决方式，这种方式更关注于纠纷双方和纠纷解决者的集体福利最大化，而不是通过适用法律规则决定谁会“取胜”。

第六讲　信　　任

真实世界经常就是这样，它会在书本理论上叠加一个意想不到的维度。第六个维度可以概括为信任。这个维度的启示来自罗振宇，他在微信公众号“罗辑思维”2018年2月27日推送的“罗胖60秒”中说：“有个年轻人跟我抱怨，说在团队里曾经犯了一个错，他也道歉了，也当众反省了，毛病也改了，其他人也表示原谅他了。但是他就是感觉，大家还是在排斥他。所以他就感慨，这个时代的人怎么这么不宽容呢？我说，我们这代人受的教育总是说，错了不要紧，改了就是好同志。没错，在是非对错这个维度上，世界确实变得越来越宽容，大家不会揪住你的小辫子不放。但是，你别忘了，这个世界还有另外一个维度，叫信任。你错了一次，如果顺带伤害了大家的信任，那获取原谅是很容易的事，但是再次获得信任则比登天还难。在理念世界里，对错似乎很重要。但在现实世界里，信任比对错重要多了。”

法律需要裁决出对错，但是，真实世界还有另外一个维度：信任。你在法律上赢了对错，有可能输掉了信任。在真实世界中，法律应用是人与人在信息不完备的条件下博弈的过程，这要求我们要有对手意识，要懂得在信息不完备的条件下做决策，这也让人们可以钻法律的空子。不过，当你钻空子赢了官司，很可能已经输掉了信任。

真实世界的法律思维要考虑对手，但是，人与人之间也有合作，这需要信任，它要求你要让对方相信你不是扳倒他的对手，你没有怀疑他要扳倒你。真实世界的法律思维要考虑利益，但信任意味着你要兼顾对方的利益，意味着你不能利用信息不完备欺诈对手，欺诈法官。法律是普遍规则，它的对错针对普遍人，但是，在真实世界，你不仅要考虑普遍意义的得失，还要考虑与自己、与身边人的信任关系，有时你必须在遵守法律和维系亲情、法律与人性（情）之间做抉择。真实世界的法律思维要求不能坚持单一的原则，要懂得容纳矛盾，但是，信任要求社会有统一可信的原则。

这一讲，我们准备将“信任”一词拓展开来，不仅讨论人与人的信任，也希望讨论人对自己的信任。如果我们的行为过多地背离内心的欲望，我们还是人吗？我们还能信任自己吗？人要信任法律，但法律毕竟不是人，法律不仅在维系人与人的信任关系上有局限，而且在维系人与自己的信任关系方面也有局限，如果因为过多地遵循法律而违背自己的欲望，我们有可能会对自己失去某些信心。在书本世界，法律与信任基本上是和谐的，而在真实世界中，你会看到法律与信任的激烈冲突，需要你从中做出选择。

微课 28
赢了官司的秦玉河

在电影《我不是潘金莲》中秦玉河说好的假离婚，结果却真离婚和别人结婚了，又因为李雪莲结婚时不是处女，所以指责李雪莲是潘金莲。错在秦玉河，但是，他却赢了官司。因为李雪莲的事，厂长做秦玉河的工作，秦玉河表示不配合，说他也是受害者，惹急了，他和现任老婆也去告状。但是，人言可畏，秦玉河也没能逍遥事外，这些年他和现任妻子的日子也不好过，妻子因为人言可畏而得了抑郁症，他自己因疲劳驾驶死了。而李雪莲恨秦玉河，恨了一辈子，几乎用尽了自己全部的生命之力，直到秦玉河死，仍未能解脱。

李雪莲：（哭），秦玉河，秦玉河，你这个畜生，你害了我一辈子，难道你死了你还要害我（蹲下，痛哭流涕，周围的人纷纷递纸巾），你不吭一声就死了，留下我怎么办啊，秦玉河，咱俩的事情还没有说清楚，你一死，就永远都没有办法说清楚了。秦玉河，你这个畜生，你怎么不坚持住啊。

世界上不只有法律，还有道德舆论之剑。你竭尽全力赢了官司，但是，人们心里还有一台道德之秤。赢了官司却输了人心，此类事件生活中也不少。

在一桩简单的离婚案件中，男方提交了足足 700 多页的证据，证据涉及银行存款、公积金、购房合同、贷款合同、转账记录、通话记录、聊天记录等，几乎覆盖了5年婚姻生活的方方面面。看到北京市房山区人民法院法官郝珠亲述的这个故事，我不禁感叹：一个人如果带着如此周密防备的证据意识过他的婚姻生活，不知道是什么感觉？

2006年1月17日，沈阳农业大学大二学生韩某在校内英语补考考试中，将发放试卷时多出来的卷子拿到卫生间，交给了同学刘某，让刘某帮其答卷并将答案通过手机传给自己。但刘某还未将答案传给韩某，就被监考老师发现。因此，沈阳农业大学给予韩某开除学籍的处分。后来，法院认为，韩某在考试中存在作弊行为，但其行为的严重程度尚未达到开除学籍，故沈阳农业大学开除韩某学籍属处理偏重。一审判决：撤销沈阳农业大学作出的沈农教字（2006）2号关于给予韩某校纪处分的通报，即撤销沈阳农业大学对韩某作出的“开除学籍”处分通报。虽然没被开除，但是，作弊再怎么说也是不对的。

销售有毒、有害食品的犯罪分子，通常是长期生产，但是被查获常常只有一次，到底销售了多少呢？他若拒不承认，经常就难以认定。于是狡猾的犯罪分子到案后“态度”很好，就是死不承认销售了多少财物，一口咬定自己只销售了一两次。从证据上讲，很难认定他销售了多少，这样犯罪分子就常常可以钻法律空子。法律空子钻了，但是，这些犯罪分子却无法逃脱良心的谴责。

夺得柏林电影节金熊奖的《白日焰火》讲述了一件皮氅引发的血案。女主角吴志贞，在干洗店工作，不小心洗坏一件价值2.8万元的皮衣却无力赔偿，物主因此强暴她、侮辱她，吴志贞失手杀死了这个男人。丈夫梁志军为帮吴志贞逃避法律责任，将死者碎尸，放上自己的身份证，让警察认定死者就是吴志贞的老公，案情就此告破，梁志军从此隐姓埋名活着。他们是一时逃脱了法律制裁，但从此陷入愈加悲惨痛苦的生活中。

以上故事诉说的是，逃脱了法律的制裁，却无法摆脱道德的折磨。反之，那些承担法律罪责的人，背后也有诸多道德和感情细节值得琢磨。

这方面，我欣赏一本书——专司刑事案件的德国律师费迪南德·冯·席拉赫所著的《罪行》。正如其前言所述："世事大都错综复杂，而罪责更是如此。"法律固然能明确罪责，但是其背后还有法律定性无法顾及的东西。真实世界的法律思维必须面对这些问题，而应对的方法，大概可以用何帆为此书所作序言中的这一段话来概括："许多人在犯下罪行前，也是生活中的普通人，也可能是一名好父亲、好姐姐或者好情人，也有自己的苦难、喜悦和困惑。作为法律人，我们经历和拥有越多故事，越应对自己遭遇的犯罪人心存悲悯，并向世人解释这种悲悯的来由。只有多几分这样同情的理解，我们的法律和司法，才会更有温度和人性。"

律师洪流在其公众号文章《看守所的故事》中讲到这样一个情节：

"洪律师，那天开庭时在囚车里我见到她了。"

"哦，你们有说话了吗？"

"没有。我们几个人被带上车，我眼睛虽然不好，但感觉到了她也在车上。然后她开口问法警，说能不能坐来我身边。法警问为啥，她说我们是夫妻，已经两年多没见面了。法警说不行，这违反规定，而且你们在车里不许说话。后来她就一直坐在我对面，啥话不说地看着我直到囚车开到法院。"

“你不是眼睛不行了吗？怎么会看得见她看你？”

“我心里看得见。”

他们应该承担其应有罪责，但是，其感情也是很感人的。

在电影《生死朗读》中，曾经做过纳粹集中营看守的汉娜，在法官要求她核对笔迹时，承认报告是自己所写，认下本不属于自己的重责，被判终身监禁，其实她并不会写字，怎么可能写报告，她完全可以以此为自己辩护。但是，因为不愿在众人面前暴露自己文盲的事实，她宁愿选择承担不属于自己的罪责。在尊严和苦难之间，她选择了尊严，在她看来，丧失体面和尊严是最大的惩罚。汉娜的选择常人难以理解，但世上就有这样的人。

电影《白日焰火》的剧情可概括为：一个可怜人抓了另一个可怜人。在这个影片中，维系着法的尊严的，却是被法忽视的人。张自力，一个曾经的刑警支队长，5 年前因工受伤，没有得到应有的补偿，还被赶到工厂当保安。吴志贞失手杀死那个拥有一件价值 2.8 万元皮衣的家伙，是因为不懂得寻求法律的保护，也因为赔不起，那是 1995 年的 2.8 万元。她是一个善良的人却杀了人，这是我们这个社会文明的一个烙印，责任虽然主要在她本人，但也有社会的因素。廖凡饰演的离职警察张自力和桂纶镁饰演的洗衣店女工吴志贞，他们犯过错，应承担其应有的责任，但是，他们被伤害却没有得到应有的救济和保护。即使立法一时还无法顾及这么多，真实世界的法律应用也不能抛弃这些问题，温度、人情、人性不能置于我们的思维之外。

微课 29
辱母杀人案

辱母杀人案，又称“4·14”聊城于欢案。该案发生于2016年4月14日晚10点，案发地点在山东省聊城冠县。2016年11月21日，检察院对于欢提起公诉，之后于2017年2月17日一审宣判于欢故意伤害罪罪名成立，判处无期徒刑。2017年3月，《南方周末》首先报道此案，随即引爆舆论，引起上亿人次的关注和讨论。2017年6月23日，山东省高级人民法院二审宣判于欢防卫过当成立，改判有期徒刑5年。

有著名作家、学者在其微博上就该案发言表示，刺死辱母者既是正当防卫，更是见义勇为，支持于欢无罪。也有众多网友持类似观点。不过，法院认为，于欢的行为具有防卫性质，但采取的反制行为明显超出必要限度且造成了伤亡后果，应当认定为防卫过当。《刑法》第20条第3款规定的造成不法侵害人伤亡不属于防卫过当的特殊防卫，其适用前提是防卫人针对严重危及人身安全的暴力犯罪的加害人而实施防卫行为。本案中，虽然于欢母子人身自由权遭受限制乃至剥夺，人格尊严权遭受言行侮辱侵犯，身体健康权遭受轻微暴力侵犯，但直至民警出警后均未遭遇任何针对生命权的严重不法侵害，因而不具有实施特殊防卫的前提。

抛开法律上的争议不说，此案反映了真实世界法律思维的一个困境——是恪守法律还是维护亲情？2016年4月13日，债权人吴某在于欢母亲苏某已抵押的房子里，责骂苏某，并将其按进马桶接近水面位置，要求还钱。当日下午，苏某多次拨打市长热线，但并没有得到帮助。2016年4月14日，由社会闲散人员组成的十几人的催债队伍多次骚扰苏某的工厂，其中，杜某将烟头弹到苏某胸前衣服上，将裤子褪至大腿处裸露下体，朝坐在沙发上的苏某等人左右转动身体。苏某的儿子于欢目睹其母受辱，从工厂接待室的桌子上摸到一把水果刀乱捅，致使杜某等四名催债人员被捅伤。其中，杜某因未及时就医导致失血性休克死亡，另外两人重伤，一人轻伤。于欢在当时的行为选择，主要源于亲情的冲动，但这也让他陷入法律的制裁之中。当巨大的凌辱降临在亲人身上时，自己要以怎样的方式去保护他们？是忍受凌辱还是挺身抗暴？于欢的行为不仅是一个涉及法律的行为，更是一个涉及伦理的行为。法律固然重要，公民有遵守法律的义务，但是，在真实世界，除了法律还有很多，亲人之间的信任有时是法律无法顾及的，法律调节之下的行为和在伦理要求之下的行为有时存在冲突，这让你不得不在法律与亲情之中做选择。

《明史杂俎》中记载了这样一个故事：明太祖朱元璋曾问大臣："天下何人最快乐？"群臣众说纷纭，功成名就者，金榜题名者，高官厚禄者，富甲天下者……朱元璋听后面露不悦之色，沉默片刻，有一个叫万钢的大臣答道："畏法度者快活！"朱元璋顿时大悦，夸其见解"甚独"。

法度本是快乐的底线，不违反法度只是免于被法律剥夺自由，但是，在朱元璋那里却成为快乐的最高境界。生活中不仅有法律，更有其他快乐，如果在一个社会中法律是最高快乐，这其实是对个人而言很痛苦的社会。今天的社会已不是朱元璋的时代，我们既要关注法律，也要关注其他快乐。

当然，如果法律能关注到人们尽可能多的快乐，那就更好了。再回到于欢案里，需要讨论的不仅是真实世界中法律与亲情的冲突，还有执法和法律本身。讨债者在催债时，往往会以“非法”手段追求其看似合法的目的。他们或者跟踪，或者到借款者家里与单位赖着不走，甚至直接采取限制人身自由乃至侮辱的手段，但执法者常常因为讨债者看似合法的目的而忽略其讨债手段的非法性。于欢案告诉我们，警察面对非法讨债的法律配套和执法激励也有待加强，而不是一句“要钱可以，动手不行”，然后就简单交差。而在立法上，则有必要适当放宽正当防卫的限度，有必要让法律为“人情”留下更多的空间，而不是“六亲不认”“大义灭亲”。

微课 30
从“亲亲相隐”到《我不是药神》

“亲亲相隐”，又称为亲亲相容隐、同居相容隐、亲亲得相首匿等，指一定范围内的亲属之间履行互相隐瞒罪行的义务而不受法律制裁的制度。“亲亲相隐”是古代刑律的一项原则，亲属之间有罪应当互相隐瞒，不告发和不作证的不论罪，反之要论罪。

在我国，“亲亲相隐”原则源自东周。孔子认为：“子为父隐，父为子隐，直在其中矣。”秦朝首次在其司法实践中进行了明确规定：“子告父母，臣妾告主，非公室，勿听。而行告，告者罪。”唐律对“亲亲相隐”原则有了更具体的规定：（1）容匿“得相容隐者”不治罪，“及匿得相容隐者之侣亦不坐”，容匿谋叛以上大罪亲属减一等处罚；（2）通报捕摄消息令亲属脱逃者不罚；（3）审问官不得逼亲属作证证实嫌犯罪行，违者按照嫌犯罪名减三等处罚；（4）告发亲属有罪，告尊亲属中祖父母父母者处以绞刑，告其他近亲尊亲属亦有罪，但谋反或以上罪除外；（5）被告发的尊亲属视同自首减免处罚。唐朝以后各朝基本沿用唐律对“亲亲相隐”的规定。

《三国演义》有这样一段故事：苗泽与姐夫黄奎的小妾李春香私通，为了让爱情有个光明的结局，苗泽向曹操检举了黄奎与马腾的反曹阴谋，结果马腾和姐夫黄奎被满门抄斩。事后，苗泽不愿加赏，只向曹操求得李春香为妻，却被曹操斥为“为一妇人，害了你姐夫，留此不义之人何用”，下令把苗泽和李春香斩首。此事甚为诡异，但从“亲亲相容隐”的道德来看，苗泽确为“不义”。

西方法律体系中也有类似的“亲亲相隐”的特免权的规定。不过，这两者还是有些不同之处：中国古代的“亲亲相隐”是一种法律义务，西方的特免权则是一种法律权利；中国的“亲亲相隐”制度中包含范围较广，无论是可以容隐的罪名，还是涉及的亲属范围，均超出西方范围。

中华人民共和国成立后，对这一原则进行了批判，要求人们无论亲疏，无论罪责大小，都要检举揭发，“大义灭亲”一度是重要的法律导向。2012 年修正的《刑事诉讼法》第 188 条第 1 款规定：“经人民法院通知，证人没有正当理由不出庭作证的，人民法院可以强制其到庭，但是被告人的配偶、父母、子女除外。”2015 年施行的最高人民法院《关于审理掩饰、隐瞒犯罪所得、犯罪所得收益刑事案件适用法律若干问题的解释》第 2 条第 1 款第 2 项规定：为近亲属掩饰、隐瞒犯罪所得及其产生的收益，系初犯、偶犯的，且行为人认罪、悔罪并退赃、退赔，可以认定为犯罪情节轻微，免予刑事处罚。这些规定被认为是“亲亲相隐”理念的回归。不过，法律尚有待进一步明确：一是“相隐”的主体范围，除了配偶、父母、子女，是否应扩充同胞兄弟姐妹，甚至姻亲、两代以外的直系亲属；二是允许“相隐”的层次，除了拒绝出庭作证，包庇、窝藏、作伪证，甚至是共同犯罪又当如何处理？

尽管法律对“亲亲相隐”有了一些规定，现实生活的复杂性往往超出法律的规定，是遵守法律还是维护亲属、朋友的情谊，仍然是真实世界法律思维必然要面对的问题。一方面，公安机关应努力提升自身的侦查技术和办案水平，而不是鼓励子女揭发父母、妻子揭发丈夫，邻里朋友、同事之间互相揭发，导致社会人人自危，让人与人陷入毫无信任之中。当身边的爱人和亲人都可能是你的检举者时，这个世界还有什么信任可言？对犯罪分子，亲属间的背叛极可能导致犯罪分子内心绝望，不利于犯罪分子的改造。当他们感到这个世界没有信任可言时，可能是新的社会危机的开始。另一方面，面对法律的强制规定，我们又应该如何取舍，人伦亲情与承受法律制裁如何抉择？不少人甘愿冒险窝藏亲属，帮助其逃亡，但由此也导致全家受刑罚制裁的惨痛后果。

往深处进一步挖掘，“亲亲相隐”其实是为解决法律与人性矛盾的一种立法安排。电影《我不是药神》讲述了神油店老板程勇从一个交不起房租的男性保健品商贩，一跃成为印度仿制药“格列宁”独家代理商的故事。在程勇的亲密战友“黄毛”出事后，程勇的那一句“他才 20 岁，他只是想活命，他有什么罪”的质问直击人心。活命就是人性，慢粒白血病患者“黄毛”只是想活命。同样，维护亲情也是人性。但法律不只顾及一个人的人性，还要顾及其他人的人性，一个人为了自己活命，为了自己的亲人，不能伤害他人，不能危害社会。尽管药品专利以及药品管理还存有种种争议，但走私假药、销售假药再怎么说也是一种危害社会秩序的行为，“黄毛”的死无法怪罪于警察，程勇最后也被判 5 年有期徒刑。

“他只是想活命，他有什么罪”背后有一个更深层次的问题——如果他不能活命，那他为何要维持这个社会的秩序？为什么要维系他与社会的信任关系呢？立法不仅要考虑众多人的人性，而且要考虑个人，不能要求一个人只对社会负责而不对他自己以及他周边的亲情负责。法律既要顾及众多人的人性，顾及社会的长久秩序和利益，也要顾及个体的生命和其亲情信任关系，这需要社会利益作一些牺牲，“亲亲相隐”就是这样一种立法安排，医疗保障和福利制度也是这样一种安排。显然，立法安排并不足以解决现实生活中法律与人性的冲突，“辱母杀人案”就是这种真实冲突的体现，于欢最后还是因为防卫过当被治罪，只是收获了同情。在《我不是药神》中，影片最后，程勇被送往看守所的途中，无数病友前来送别。法律顾及不到的那些人性闪光点，由社会的温情给予温暖，这大概也是解决“法律与人性冲突”的一个法外的途径。

电影《白日焰火》中的“白日焰火”也是一种解决“法律与人性冲突”的法外途径。白日焰火是吴志贞和张自力之间的秘密，只有他们两个人对白日焰火有一个互动，别人都不明白。当吴志贞和张自力建立感情关系以后，张自力却一手将吴志贞送进了监狱。在法律上，张自力是正确的，但是，他摆脱不了人性的折磨。放焰火这个事情表明张自力非常痛苦、纠结，而焰火也给吴志贞带来一些慰藉，仰望焰火时，她的脸是亮的，眼睛是湿润的，进了警车，还一直抬着头。这个男的（张自力）做了一次不同寻常的举动，而且是因为她做的，她看到了某种美好的有希望的东西。如果我们解决不了“法律与人性冲突”，一种类似于白日焰火的东西，或许会给我们带来某种慰藉，虽然它只是两个人之间的秘密。

微课 31
感情易变，法律恒久
——以“赠给情人的门面房”为例

支撑这个世界的，不仅有法律，还有人情。讲法律，也要重人情。如何对待法律与人情呢？这还涉及一个重要的命题：感情易变，法律恒久。中央电视台《法律讲堂》2010年第317期“赠给情人的门面房”可以说是对这一命题的恰当诠释。

阿旺和小琴婚后不久离开家乡到南方打工，小琴觉得在外面受气，辞职回老家在县城里开了家理发店，而阿旺继续在外地打工，二人从此过上两地分居的生活。一年后，小琴的理发店生意兴隆，与阿旺的感情却日渐淡薄，连阿旺逢年过节想让她一起回家探亲，小琴都以生意忙为由拒绝一起回家。为了挽救这个家庭，阿旺决定辞去南方的工作，回老家与妻子共同生活，没想到妻子竟然到法院起诉与阿旺离婚。这突如其来的起诉打破了阿旺对婚姻生活的幻想，于是两人协议离婚。

小琴为什么急于离婚？原来是与另一个快60岁的已婚男人江大山有染。小琴离婚后就与江大山同居了。江大山是一家建筑公司的老板，在农村老家已有妻子，在理发店与小琴好上后，背着妻子赠给小琴一个店面。后来，江大山与小琴的同居关系被江大山妻子马秀红识破。江大山对妻子甚感愧疚，当初与小琴好也只是为了寻求刺激，于是，又重新回到马秀红身边。后来，小琴与阿旺也复婚了。

江大山与妻子重归于好后，就开始心疼送给小琴的店面，于是，就让妻子马秀红打官司要回店面。马秀红以江大山为被告，小琴为第三人，将他们告到法院，请求判令江大山与小琴签订的赠与合同无效。最后，经过一审、二审，法院认为江大山没有权利处分妻子的财产，只能赠与属于自己所有的那一部分，判决店面归江大山和马秀红所有，但是，他们必须将店面评估后的房价的一半以现金方式补偿给小琴，另补偿小琴装修费8000元。官司打下来，江大山与小琴的风流事在县城里迅速传开，与小琴复婚的阿旺气不过，就向法院起诉与小琴离婚，法院认为夫妻感情关系尚未破裂，不支持阿旺主张。离不成婚，阿旺一气之下离家出走到外地打工了。

阿旺和小琴离婚、复婚，又再打离婚官司。江大山与小琴关系好的时候，甜甜蜜蜜，连房子都送，与老婆重归于好又想要回房子。人的感情在这里可谓一变又变。人与人的关系，既与个人善变的感情喜好有关，也与法律框定的基本人伦常情有关。

如何对待法律与人情呢？这就要回到人情的内涵本身。人情可以分为两个方面：一是基本的人伦常情，法律规范体现的主要就是这一范畴的人情；二是个人善变的感情喜好，这常常在法律之外，有的不为法律所规范，有的直接违背了法律。法律也是一种人情，人遵守法律其实也是追求情感的满足。法律之外的感情也有值得追求之处，不过，要注意的是，那些违背法律的感情喜好常常是善变的，有的是不值得追求的情感满足。以这一期节目为例，出轨、外遇带来的一时的感情满足最终比不上婚姻关系带来的更恒久的感情关系，正所谓“少年夫妻老来伴，执手相看两不厌”。

下面，看一个段子乐一乐。

一对夫妻在法庭等待法官的离婚判决。

法官：你们为什么要离婚？

妻：因为他都不跟我讲话！

法官：你为什么都不跟她讲话？

夫：因为我不想中断她的讲话！

段子嘛，总会有一些离奇和夸张，不过，生活中的确会有人因为类似的一些小事情闹离婚、闹纠纷。法律维护的是基本的人伦秩序，不会与个人的一时喜好随舞，只有这种小矛盾，夫妻感情没有破裂，法院是不会判离婚的。如同朱苏力在《为什么"朝朝暮暮"》一文中所言："离婚如果过于自由……结果可能是夫妻都不在家庭生活中大胆投入，无论是财力还是情感，总是相互提防，总是担心自己的投入会不会被某个不期而至的第三者剥夺和享用。"法律所确定的婚姻制度要考虑维系社会的长久秩序。

罗振宇在《知识就是力量 1：怎样把自己嫁出去》的视频中讲道一位老人对婚姻的感悟，"结婚意味着啥，就意味着午夜 3 点我醒来，我口渴，我伤口疼，我只需要捅捅旁边，老太太就知道我这个时候要喝水。就这一口水你说多贵。如果没有几十年经营出来的婚姻，这个时候我上哪要这口昂贵的水"。法律考虑的是长久的秩序，在婚姻问题上，它更想鼓励人们去维系那些需要长期经营的婚姻关系；在社会方面，它更想保护那些能维系社会长久运转的秩序。法律与人情的冲突，有的是因为法律本身的局限无法照顾到各种人情，有的则是因为某些一时的个人喜好并不值得法律照顾，法律甚至还要限制它。

本讲小结
法律思维如何嵌入信任考量?

“畏法度者快活！”法度本是快乐的底线，不违反法度只是免于被法律剥夺自由，但是，在朱元璋那里却成为快乐的最高境界。这无厘头的论点在朱元璋看来是自洽的，因为他是皇帝，满眼看到的就是法律。如果朱元璋的逻辑是自洽的，那么，法律人也要注意了，只是沉浸在法律中，事实上也很可能像朱元璋一样对法律之外的信任关系关闭自己的大脑。

人与人之间既有竞争也有合作，法律问题处理方式主要体现为一种竞争关系，于是，在竞争同时如何维护良好的合作信任关系成为另一个重要的思考维度。

以纠纷解决为例，法律竞争体现为适用与所涉事件有关的法律规则以决定谁会“取胜”。法律规则本身也是为了维护一种普遍的信任关系。整个社会就是一张无形的关系网，信任就是打通这张关系网中各个环节的钥匙。这种信任关系可以分为两种，如微课 31 所阐述的，一是基本的人伦常情——普遍的信任关系，由法律规范调整；二是基于个人感情喜好的信任关系，这种信任关系有的是在法律许可范围内的，有的则是与法律相冲突的。

与法律存在冲突的信任关系并不都是不被容许的，在很多情况下，我们采用分离的方法，令其与法律得到和谐相处。微课 28 强调那些承担法律罪责的人的背后也有诸多道德和感情细节值得珍惜，罪责与人情分离，多几分这样同情的理解，我们的立法和司法才会更有温度和人性。在微课30中,《我不是药神》影片最后,程勇被送往看守所的途中,无数病友前来送别,《白日焰火》影片最后,一手将吴志贞送进了监狱的张自力用白日焰火,给自己,也给吴志贞带来一些慰藉,为我们呈现一种通过法外途径解决“法律与信任冲突”的方式。这些处理法律与信任关系的能力,《刘晗·法律思维30讲》将其概括为“既同情又超脱的代入能力”,也就是说,你既要有同理心,能代入到当事人的视角,也要超脱出来,更加冷静地做出判断。

微课29,通过辱母杀人案,我们探讨了有必要适当放宽正当防卫的界限,让法律为“人情”留下更多的空间。微课30,我们讨论了有必要在法律上给“亲亲相隐”更大的空间,而不是“六亲不认”“大义灭亲”。面对法律规则与信任冲突,我们不能停留在规则层面论证,要看到法律规则之外的法律渊源,懂得用规则外的论证将更多值得保护的信任融入法律容许的范围之内。“世事洞明皆学问,人情练达即文章”,对法律人而言,就是要把世事洞明、人情练达引入法律论证,而不是做法条的复读机。

电影《我不是药神》是根据真实案例改编的,徐峥扮演的“药神”的原型是一位名叫陆勇的人。与电影中不同的是,陆勇本人也是慢粒白血病患者。医生推荐他服用瑞士诺华公司生产的名为“格列宁”的抗癌药。这种药品的售价高达23,500元一盒,一名慢粒白血病患者每个月需要服用一盒,而且要不间断服用。药费加治疗费用几乎掏空了他的家底。而印度生产的仿制“格列宁”抗癌药,药效几乎相同,一盒仅售4000元。因为不堪忍受高药价,陆勇从海外代购仿制药,还通过网购的信用卡为很多病友代购。因此,涉嫌两个罪名被逮捕了,一个是妨害信用卡管理罪,另一个是销售假药罪。

陆勇被逮捕后，300 多名白血病病友联名写信，请求司法机关对他免予刑事处罚。最后，检察院决定不起诉。检察院用的是《刑法》第 13 条的但书条款，“情节显著轻微危害不大的，不认为是犯罪”。这个案例表明，法律是普遍性规范，但是，其本身都会隐含某些例外条款以照顾个案的特殊诉求，将信任融入法律容许的范围之内有很大的操作空间。

微课 28 提到“在一桩简单的离婚案件中，男方提交了足足 700 多页的证据”，令我们感叹“一个人如果带着如此周密防备的证据意识过他的婚姻生活，不知道是什么感觉”。人与人的亲情除了法律，还需要你的爱和用心经营，需要一种无条件的相信。一颗处处怀疑的心无法建立亲情。人类因合作而生，当某个人说某句话，我们就相信他说的是真的。法律思维则提醒你先怀疑对方说的是真的吗？有证据没？但是，如果你处处怀疑，就很难与他人达成合作。所以，法律所提倡的证据思维，你需要加以适当限制，特别在亲情与熟人之间。

当用法律防范自身风险时，有可能与友情、亲情产生冲突，因为防范可能意味着某种程度上的怀疑和不信任。如何处理法律风险防范与信任的关系呢？一种处理模式是“亲兄弟明算账”，你的就是你的，我的就是我的，在这种共识基础上建立友情、维系亲情，彼此提醒“明算账”并非怀疑和不信任。

在电影《中国合伙人》中，当佟大为饰演的王阳说出“千万别跟最好的朋友合伙开公司”，很多人对此深有同感。但仔细一想这话有问题，事实上，与朋友合伙开公司仍然是主流啊，关键是要把握好友情与生意的界限。法律提供了这种明确界限的规则，我们需要懂得更好地利用。

签订《夫妻财产约定协议》是处理亲情关系的一种模式，相爱而互不依附，当双方达成共识后，这样的相处模式并不会影响相爱。在现实生活中，大多数人都没有采用《夫妻财产约定协议》方式来处理夫妻关系，表面上似乎少了法律风险意识，事实上，对很多人来说，这恰恰是更好的选择。放弃《夫妻财产约定协议》，彼此相爱，放心付出，不担心对方会亏待自己，毫无后顾之忧，齐心协力共同成就美好生活，显然也是很理想的婚姻状态。如果好朋友有需要借钱怎么办？有一种说法是直接给，而且相信他会还，如果还不了就当成交朋友的代价了。微课 4 提到借条可通过种种规范模式以防范法律风险，但是，在可信任的好朋友之间，这是用不上的。

第二篇

在日常思维的基础上加上法律理论思维的高度

真实世界的法律思维，既要在书本理论的基础上加上真实世界的维度，也要在真实世界日常思维的基础上加上法律理论思维的高度，由此形成一个循环。这个主张并非只是本书的经验总结，它有着深刻的哲学基础——诠释学循环。法律人对于诠释学循环非常熟悉，不过，他们大多只是将之用于法律解释。真实世界的法律思维将法律视为处理人与人关系的手段，我们需要在这个大框架下理解真实世界法律思维的“诠释学循环”。

我们对一切事物的认知都建立在前理解的结构之上，这是诠释学的基本立场，也是常人可感知的直觉。看到一朵花，我们说它是“花”，是源于我们的知识传统，一个外星人就不会作这样的判断。法律也是如此。日本木下惠介自编自导的剧情电影《楢山节考》叙述了这么一个故事：

在日本一个贫困山村，由于食物匮乏，形成了送老人上山等死的习俗：凡是到了70岁的老人，都要被家人丢弃到楢山上等死。

这样匪夷所思的事情在当时是合法的。一个行为是不是犯罪，不是天然的，是人定义的，当然，也不是随便什么人都能定义，它是依照人类共同体的知识传统、范式定义的。这就是真实世界法律思维的“诠释学循环”的基础。

法律思维是一种特定视阈下的存在。第一篇“在书本理论的基础上加上真实世界的维度”，意味着对法律认知的视阈的反思。打破既有前见的束缚，回到世界本身，这样才能更好地处理真实世界的法律问题。第二篇“在真实世界日常思维的基础上加上法律理论思维的高度”，意味着对法律认知的理论视域本身的进一步把握。

第七讲　普　遍　性

法律思维就是这样，它需要在日常思维的基础上加上法律理论的思维视角。第一个法律理论思维可以概括为普遍性。法律的一个基本特点是普遍性。所谓法的普遍性包含两层含义：在实在法意义上，在国家权力所及的范围内，法具有普遍效力和约束力；在应然法意义上，它应该是一般规则，代表普遍利益（公共利益）。

作为当事人，法律应用者自然应该考虑个人利益，这也是日常思维使然。但是，法律是代表普遍利益的，作为执法机构的法院、检察院和行政机关是站在普遍利益的立场上应用法律的。你当然要追求个人利益，但也必须从普遍性的高度理解法律是什么，否则，你很可能就无法理解法律应用的真实。这种无法理解的困惑，会让你在法律应用中举步维艰。你必须懂得普遍利益和个人利益如何协调，否则有可能无法在法律程序中保护个人利益。

微课 32
银行职员应当把抽屉里的钱交给抢劫犯吗?

《高手:解决法律难题的 31 种思维技巧》一书的开篇第一讲记录了这样一个真实案例:

一个抢劫犯进入一家银行,把枪顶在一位顾客的头上,胁迫银行职员把抽屉里的所有钱交给他,如果不交的话,他就开枪打死这位顾客。银行职员拒绝了他的要求,这个抢劫犯就向这位顾客开了一枪,然后逃之夭夭了,后来始终也没有被警方捕获归案。这位顾客因遭受枪击而身亡,他的遗产继承人遂把这家银行起诉到了法庭,认为银行职员应当把抽屉里的钱(我们在此假设,只有 5000 美元)交给那个抢劫犯。对此案,法庭应当如何裁决呢?最后,许多处理类似案件的法庭都判决银行胜诉。伊利诺伊州最高法院对此说道:"在这类特殊的案件中,判决的结果显得无情、不公正,但是,如果不如此判决,就等于鼓励更多的犯罪分子采用类似的暴力手段,在将来也就无法保护更多的顾客,这种后果是我们无法承担的。"

来自直觉的常识可能会让很多人都认为银行职员应当把抽屉里的钱交给抢劫犯,5000 美元和一个人的生命怎么能比呢?的确,在这个案例中,可能放弃 5000 美元就可以保护一个人的生命。但是,法律并非只考虑个案,还要考虑众多银行和众多抢劫犯的行为。如《高手:解决法律难题的 31 种思维技巧》一书所评述的,如果法庭判原告（顾客的遗产继承人）胜诉，则自此以后再遇到抢劫犯劫持人质时，银行就会产生把钱交给歹徒的动因（以避免再次被起诉和支付赔偿）。这意味着歹徒们会产生劫持人质的动因，因为劫持人质是一种非常有效的手段。银行总会把钱交出来。这就存在一个明显的困境——让那位顾客的遗产继承人胜诉可能在将来会引起更多的人被劫持，而人质被枪杀的可能会少之又少，因为歹徒们想要的是钱。

真实世界的法律思维要求避免以日常生活的直觉思维进行法律推理。如何避免日常生活直觉思维的误区？回到法律本身的定义是一个有效的方法。法律是普遍性的规则，所谓法律思维就是超出具体案件的是非曲直而放眼整个社会关系来衡量它的是非曲直。立法机关考虑创制一项关于银行面对抢劫犯劫持人质如何处理的规则，它要考虑的主要不是某个特定个案的公正问题，而是各种行为所产生的后果；不是某个当事人的公正问题，而是众多当事人的公正问题。

一个人失踪 4 年，按法律规定可以宣告死亡，如果他还活着，这样的宣告显然是无情的，没有证据就说他死了，这似乎不合情理。但是，法律考虑的并不是失踪人一个人，而是着眼于更广阔的社会关系，那些活着的有利害关系的人还得继续生活，他们需要确定的人身财产关系。宣告死亡之后，他妻子可以再婚，财产可以当作遗产来分割。

见义勇为是一项美德，但法律不宜将他人遇到歹徒侵害而“见死不救”的行为规定为犯罪。这种场合下的见义勇为，需要一个人具备相当的能力和胆识，然而，社会中的普通人并不具备这样的素质。法律不强人所难，不应该要求社会中的普通人具备这种高尚的美德，这是法律普遍性的另一个体现。

微课 33
医生的病历记录可以查看吗？

一位女警官看到一个家伙，手里拿着一把屠刀，尾随一个人从一幢建筑物中出来。这位女警官遂开枪，把这个家伙打死了。不过，这只是这位女警官所叙述的事实经过。后来，在死者身上没有发现刀。就此事，这位女警官曾多次到一位临床医生处问诊。与此同时，被她打死的人的亲属把她起诉到法庭上。原告并不认可女警官的叙述，所以请求查看她在临床医生那里的病历记录。应当允许原告查看吗？这是《高手：解决法律难题的 31 种思维技巧》一书记录的另一个案例。

按常人的直觉思维推理，不少人可能认为，应该允许查看那位警官在临床医生那里的病历记录。这些病历记录里可能存在重要的证据内容。如《高手：解决法律难题的 31 种思维技巧》一书所评述的，假如说这位警官已经私下承认了她说死者持刀的事实是她编造的，假如说她开枪打死了死者是因为她看死者不顺眼，同时，陪审团的确也需要知道病历记录中的内容。假如这位警官并没有提及与控告有关的事情，查看这些病历记录对这位警官来说，可能就显得不公平了。但是，这种不公平的感受同查明死者的死亡真相的重要性显然是不可比拟的。不过，美国联邦最高法院最后裁定“医生的病历记录属于禁止调取的证据”。在这个问题上，联邦最高法院把个案问题放在更广泛的社会关系中去考虑。假如这次判原告胜诉，以后，警官就不会再去看医生，或者在与医生谈话时会有意地隐瞒自己的一些情况；而一位负责的医生在与病人开始谈话前，会警告病人他所说的一切都将可能成为呈堂证供。美国联邦最高法院的裁定再次表明法律是普遍性的规则，避免以直觉进行法律推理是真实世界法律思维的一个基本要求。当然，医生的病历记录属于禁止调取的证据，这一条法律是否应该订立还有待商榷，但是，如果要证明这一条法律不应订立，也需要从法律普遍性角度而不是从个案角度进行论证。

这个案例体现了法律上一个重要的证据规则——非法证据排除规则。在法庭上用于裁判的“事实”是证据显示的事实。证据是案件发生之后会留下的事实，什么是证据，什么不是证据，第一个标准是它的真实性。早期的证据法，对实质真实的追求曾一度具有压倒一切的至上价值，只要证据材料真实，无论其取得手段是否合法，都可以作为定案根据。为了查明案情，对犯罪嫌疑人施以刑讯逼供成为一种普遍的取证方法；而在法庭上，则表现为反对法律对证据加以任何形式的限制。一项材料是否可以作为证据接受法庭调查，依赖于法官认定其是否真实的自由心证。“二战”后，随着人权、自由和尊严等价值理念深入人心，非法证据排除规则应运而生，并逐步成为国际通行的法律制度。法律普遍性既体现在实体法，也体现在程序法。非法证据排除规则的问世，是人类社会法治实践的重大创举，它表明一个案件不只面对当事人本身，而是在面对整个社会的法律运作。

微课 34
博斯曼的诉讼

——富了别人，穷了自己

让·马克·博斯曼，1964 年 10 月 30 日出生，比利时前职业足球运动员，曾效力于比利时标准列日足球俱乐部和 RFC 列日俱乐部，也曾经担任过比利时国青队队长。1990 年夏天，效力于比甲 RFC 列日队的博斯曼，在赛季末同原俱乐部的合同到期，俱乐部准备将其年薪削减 60%，因此博斯曼希望转会到法国的敦刻尔克俱乐部。但按照当时的法案，合同到期的球员转会仍旧需要转会费，敦刻尔克队无法提供 RFC 列日队所需的转会费，所以 RFC 列日队不放他走。同年 7 月，仍然不肯与 RFC 列日队签约的博斯曼，被该俱乐部根据比利时足协的规定，处以“无薪及不得代表 RFC 列日队以外任何球队踢球”的处罚。

在接受了法律咨询后，博斯曼在 1990 年 8 月将 RFC 列日队、比利时足协和欧洲足联三方告上法庭。经过长期艰苦的诉讼，博斯曼终于赢得官司，1995 年 12 月 15 日法庭裁决：博斯曼以及欧盟的所有球员在合约期满之后，可在欧盟成员国内自由转会。这就是著名的博斯曼法案。博斯曼法案让欧洲足球转会市场更加自由，让球员的收入更加丰厚。然而，博斯曼的诉讼只是为他人作嫁衣，成全了无数富翁，自己则穷困潦倒。一位不出名的小球员指控势力强大的欧洲足联，漫长的官司耗尽了他的精力，使其在足球场上的竞技状态受到很大的影响，甚至有一段时间没有俱乐部愿意让这位叛逆球员到球队踢球，他失去收入，成了一个名副其实的失业者、穷光蛋。在他打赢官司后，RFC 列日俱乐部直到 4 年后才付清了补偿金，而这笔钱的约 1/3 都被他用于偿付律师的代理费了。此后，博斯曼并未前往敦刻尔克踢球，他难以找到合适的工作，最终只能在几家小俱乐部厮混完余下的职业生涯，并很快退役。

法律能保证公正，但是，公正是针对众多利益相关者而非特定个体的。博斯曼的诉讼，富了别人穷了自己，是体现法律普遍性的一个典型案例。从这个意义来看，打官司，其实是一种博爱精神的体现。同样地，接受惩罚在某种意义上也是博爱，他们也是为社会秩序接受惩罚。韦恩·莫里森在其著作《理论犯罪学》的中译本序中写道："本书英文版的封面，是一幅名为'匈牙利某囚犯之最后一天'的插图。该图是匈牙利最优秀印象派艺术家——米哈里·玛克凯西，在 19 世纪晚期为其在 1870 年巴黎沙龙获得金奖的一幅油画的铜版画所作的素描。图中，一男子端坐囚室，衣着整洁，脚戴铁镣，在接受游客之参观（该国风俗，允许游客有偿到将于次日被处决之囚犯的囚室中参观其最后一天）。其家人神情沮丧，而游客则尽情欣赏。其本人，则注目被弃于地上之圣经。"在这幅插图中，犯人忏悔，家人悲伤，但他们可能没想到，这也是在为社会秩序接受惩罚。其实，如果不是为了预防以后类似犯罪的发生，他或许不必当囚犯，他仅赔偿受害者，受害者可能也会接受。

法律是普遍性的规则，承担罪责的人，其实也是在为普遍的社会秩序接受惩罚。从这个角度来看，他们也有值得我们同情的一面。2018 年 8 月发生在西雅图的"偷飞机"的故事，似乎能展示这一点，故事很长，容我慢慢道来。

29 岁的理查德(以下简称 Rich)在地平线航空公司工作，负责处理行李和拖曳飞机。航空公司说，他在 2018 年 8 月 11 日的周五像往常一样穿着制服上班，未得到空管许可，偷了一架阿拉斯加航空旗下子公司的冲 8-Q400 型飞机，在西雅图周边飞行，而作为地勤的他，没有飞行许可证和任何飞行经验，随后美国空军战机跟踪飞行，最终飞机在高尔夫球场附近坠毁，撞向了克顿岛(Ketron)岛。

飞机坠毁前，Rich 和塔台有过最后一番对话(以下对话的翻译转引自微信公众号“假装在纽约”文章《那个在西雅图偷飞机的年轻人》)。

塔台：好了，Rich，如果可以的话，请你向左转，我们会指引你往东南方向飞。

Rich：我得判个无期徒刑吧？对我这样的人来说，我倒希望会是这样。

……

Rich：我不想伤害任何人，我只是想你在我耳边说一些好听的废话……你觉得如果我能够成功降落的话，阿拉斯加航空会不会给我一份飞行员的工作？

塔台：如果你能成功降落，我想他们会给你任何你想要的工作。

Rich：我知道有很多人关心我，他们如果知道我做了这样的事一定会失望的。我想向他们每一个人道歉。我只是一个已经坏掉的人，我猜是不知道哪里有几颗螺丝松了吧。以前我没意识到，刚刚才弄明白。

塔台：如果你想降落的话，最好的机会是你左前方的那条跑道，或者还有另一个办法，就是普吉特海湾，你可以降落到海面上。

Rich：你和那儿的人说过了吗，我可不想把那里弄得一团糟。

塔台：我已经和他们说过了，我，还有我们所有人，都不希望你或者任何其他人受伤。你如果想降落的话，就试试这个办法。

……

Rich：我不知道该怎么降落，其实我本来就没打算降落。

然后，声音消失，飞机坠毁在小岛上的森林之中。

偷飞机无疑是犯罪行为，令人意外的是，空管给 Rich 足够的温情，在社交媒体上，他更是获得满满的同情。同情的背后是对一个生命消逝的惋惜，或许，也是人们从中看到了真实的自己，有评论称他是“太空牛仔”。事实上，每个人心中都有一个 Rich 的欲望，或多或少都对现状不满，或多或少都想寻求像 Rich 一样的解脱。当然，社会不能容忍我们这样做，法律不允许我们这样做。Rich 之所以违法，只是因为他生活在社会里。

如果只有一个人，我们有充分的自由。但在一个社会里，我们必须考虑他人，必须压抑自己。从这个意义上看，法律也是对我们的一种压抑。违法的人寻求摆脱压抑，这伤害了他人，应受到惩罚，但是，他们身上有我们的影子。我们之所以遵纪守法离不开他们以身试法，很多时候，正是因为他们的行为会受到惩罚，我们才决心做一个好公民。如果 Rich 活着回来，会受到惩罚，会受到谴责，因为伤害了社会。但是，他也有值得同情的一面，空管的同情让他没有做出更多伤害社会的行为。违法应该受到惩罚，如果我们给予同情，应该有助于他们的改造，有助于保障社会的秩序；潜在的可能违法的人也应该得到我们同情，否则，他们完全可能在消灭自己的同时严重影响社会。

微课 35
律师为什么替“坏人”辩护?

法律是代表普遍利益的，并不是说法律人就都要从普遍利益出发考虑问题。每个法律人都有其分工，有其角色职责。每个人尽其职责，法律才能实现普遍利益。法律代表普遍利益，但具体到每个法律人则有其各自的角色职责。这里的一个有意思的问题是：律师为什么替“坏人”辩护？

执业律师何远在他翻译的《律师为什么替“坏人”辩护？——刑事审判中的真相与谎言》一书举了一个形象的例子：如果你是一位医生，有一天，一位奄奄一息的病人被送到你所在的医院，你却发现这名病人是个不折不扣的大坏人，平日里劣迹斑斑，坑蒙拐骗无所不为，而你却是唯一能医好他的人，如果你不出手救治，他很快就会丧命。此时，你会救他吗？显然，绝大多数医生都会选择救人，因为身为医生，治病救人乃是天职，无论手术台上躺着的是圣人还是恶魔，都无关紧要。最后，何远总结道：律师也同样如此。律师为当事人辩护，与当事人是好是坏、我们对当事人的个人好恶，都没有关系。

作为律师，他的职责，用艾伦·德肖微茨的话讲就是：“只要我决定受理这个案子，摆在面前的就只有一个日程——打赢这场官司。我将全力以赴，用一切合理合法的手段把委托人解救出来，不管这样做会产生什么后果。”

法律应该是代表普遍利益的，但律师并不需要直接站在普遍利益的立场上运用法律。律师以依法维护委托人的合法权益作为其职业道德的基本准则，当其职业道德与“惩罚坏人”的公共道德相冲突时，律师首先应当服从职业道德。律师必须以维护委托人的合法权益为己任，他以最大限度维护委托人利益的方式去扶正法律的天平。就普通人的日常思维而言，这句话理解起来并不那么容易，在他们看来，一件事情错就是错，为什么还要为错辩护呢？杀人犯没有人性，你还为他辩护，这不是一样没人性吗？

“就这种小案子请什么律师嘛，浪费钱。”当犯罪嫌疑人被拘留或逮捕后，家属都会着急询问一下在公检法工作的亲戚朋友，这些朋友中的个别人会作出这样的回答。的确，在一些案子中，律师并没有起到多大的作用。如果公检法秉公执法，请律师干嘛呢？还要花钱！

公众的质疑，以及个别公检法执法人员的“律师无用论”，似乎有道理，但违背了一个基本的人性准则——人不是神，人会犯错。对方当事人会犯错，公众会犯错，公检法也会犯错，需要有对他们的制衡力量，律师就是其中最重要的制衡力量之一。

所谓犯错，一是误将“好人”作为“坏人”惩治，二是伤害“坏人”应有的权利。现代法律给律师的定位则是对抗这些错误，这就要求律师假定他的当事人可能被误伤，即使他的当事人认为自己是“坏人”，律师仍然要假定他的当事人可能被误伤。在他人眼中，律师是替“坏人”辩护，而在律师眼里，他不一定是在替“坏人”辩护，他在避免“好人”被误伤。在他人眼中，“坏人”应该受到惩治，而在律师眼里，“坏人也有三分理”，他要避免“坏人”的权利受到侵犯。律师作为法律人，他们也追求正义，但正义赋予律师的角色是“替坏人辩护”，避免“坏人”的权利受到侵犯，避免“好人”被当成“坏人”误伤。

律师不仅是“坏人”的辩护人或代理人，也是一个值得信任的顾问。没有信任就没有律师，这种信任关系是法律得以正常运行的基础，是“正义”得以实现的基础。法律应当保证律师得以正常行使其职责，律师和委托人之间的对话不能被强迫公开。而对律师，则要求其不能以“惩罚坏人”的公共道德来对待当事人。当律师职业道德与“惩罚坏人”的公共道德相冲突时，律师应当服从维护委托人合法权益的职业道德。律师不能以主持正义为理由而出卖委托人的利益，对在执业活动中知悉的委托人和其他人不愿泄露的情况和信息，应当予以保密。

不过，律师“替‘坏人’辩护”并非没有底线。律师不能出卖当事人，但是，当他的当事人要求他以“坏”的手段为其辩护，如伪造证据，律师则应拒绝，他可以拒绝这种委托。

作为律师，有时会遇到这种情况。有的当事人一来就会问：

“你有没有关系？”

“需要多少钱可以把我整出去？”

当律师跟他摆摆手，并表示没办法，当事人可能以为：

“5 万元。”

律师笑着摇头拒绝，当事人可能困惑地问：

“5 万元不够，那是 50 万元，500 万元？”

逼得律师只能拿出最后的通牒：“我会努力以正当途径辩护，如果你想找关系，我只能退出。”

还有这样一个段子。

某人站在被告席上，他的律师对法官说他是个聋人。

“你是聋人吗？”法官问。

“是的，一点也听不见。”被告毕恭毕敬地回答。

在这种情况下，律师如果知情有可能就涉嫌作伪证了。作为律师，对当事人的陈述不应该毫无前提地全信，要努力发现真相，通过发现真相去赢，了解案件真相是律师保护自己的手段。我国知名刑法学者张明楷对此曾有一个经典的概括：“不要过多相信被告人陈述和辩解，很多被告人对律师不一定说真话。任何一个人，陈述事实时，会本能地、不自觉地趋利避害，隐瞒对自己不利的事实。法律人要善于知道不同的意见，不可以单独相信，要有相互印证才可以。尤其对于证据已经证明了的事实，不要再编故事。”

在为当事人保密方面，律师也不是没有底线的。《律师法》第38条第2款也划了一个明确的界限：委托人或者其他人准备或者正在实施的危害国家安全、公共安全以及其他严重危害他人人身安全的犯罪事实和信息除外。也就是说，律师对委托人的罪行和有罪证据的保密，主要是针对已经发生的犯罪；对“准备或者正在实施危害国家安全、公共安全以及严重危害他人人身安全的犯罪”，律师没有保密义务。

律师为“坏人”辩护，这也让律师未能取得如法官、检察官、警察那样备受尊敬的地位。有这样一个段子。

一位名律师正在口授打字员给另一律师写封信。

“信的开头怎样写？”打字员问，“是尊敬的先生吗？照惯例？”

“尊敬的？他是一个十足的滑头和骗子，不过，不能这样称呼。要么，就称作亲爱的同行吧！”

这个段子有点律师自嘲的味道，但是，律师想要让人尊敬，在很多情况下，并不容易，毕竟律师只是为一方当事人服务。约翰·昆西·亚当斯有一个著名的断言："即使是最清白无瑕的生活，也无法保证律师不受其他公民的仇视。"当一方当事人的主张有道德优势时，很多律师都会很想为其服务，名利双收，甚至可以不收费。但是，一方当事人的诉求处于道德上不利地位时，有些律师就会有畏难情绪。

2017 年 4 月 25 日，白银案嫌犯高某唯一的法援律师朱爱军接受采访时表示："为了保障嫌犯的辩护权利，我被指定为高某的唯一法律援助律师，出发点在案件侦查的对立面，防止案件在办理过程中出现瑕疵或其他问题。"这句话的潜台词很像是在说，没有律师愿意主动为这个杀人狂魔辩护。

当权利的阳光可以普照众人包括"坏人"时，当"坏人"也可以理直气壮地有辩护人时，当律师不会因为道德压力而拒绝为"坏人"辩护时，法律才可实现其真正的正义。作为普通人，不应该以一般人的道德眼光来看待律师；而作为律师，也应该克服这种道德的压力，才是法律的至高圣徒。

在古代，法律人的职业不存在严格意义上的分工。"包青天"在古代法律中是全能的，他是法官，是行政官员，也兼具类似律师的法律服务工作者的角色。近现代以来，法律人逐渐被划分为不同角色，他们分工负责、互相配合、互相制约。在我国，法官是依法行使国家审判权的审判人员（《法官法》第 2 条），检察官是依法行使国家检察权的检察人员（《检察官法》第 2 条），律师则是为当事人提供法律服务的执业人员（《律师法》第 2 条）。

律师为"坏人"辩护，实际上是法律为实现其正义目标而设置的分工。法官、检察官、律师等不同法律职业的分工是由国家法律确定的，并非市场自由选择的结果，他们都有其特定的法律职责。律师一旦违背法律分工为他们设定的职责，不为世人所谓的道德意义上的“坏人”辩护，在一些情况下，可能需要承担法律责任。

律师因其特定的法律职业角色，常常得不到世人的理解，名声不好，同时，有些律师还面临更大的压力——生存压力。律师供给属于市场化的行为，目前，律师市场越来越饱和，竞争激烈，部分律师常常要担心收入朝不保夕，入不敷出。法律的有效运行一方面需要法官、检察官等代表公权力的法律角色，另一方面又需要律师等由社会提供的代表当事人的法律角色。法律不仅要求律师为“坏人”辩护，而且是在市场压力下为“坏人”辩护。从这个意义上讲，律师为“坏人”辩护需要得到世人更多的理解。

微课 36
如果人是自利的，那他为什么要服从代表普遍利益的法律？

经济学有一个假设，人是自利的。世界上没有两个一模一样的人，每个人都有其特定的利益。如果人是自利的，如果每个人的利益都是特定的，那么，人为什么要服从代表普遍利益的法律呢？这个问题，简言之，可以用两个关键词回答。

第一个关键词可以称为“弱肉强食”。薛兆丰在《如果外星人看地球，会如何看待人类繁荣？》一文中有精彩的阐释：“如果我们是外星人，在其他星球上远远地看地球，会怎么理解人类的进步呢？一个非常有意思的场景就是人和动物的区别。动物是直接竞争的，弱肉强食，想要什么直接去抢。”“动物世界里，狮子王看到前面有一块肉，肉就归它，为什么？因为它有能力，它能战胜其他狮子。人类社会不是这样定义的。我的肉放在这里，我离开了，有人想拿，会有人说，这是薛老师的。”

为什么人类能摆脱弱肉强食呢？一个基本的前提就是法律。我的肉放在这里，没人敢拿，原因就在于有法律的保护。在这方面还有一个著名的典故。商鞅，战国时期政治家、改革家、思想家，法家代表人物，他在《商君书·定分》中说：“一兔走，百人逐之，非以兔可分以为百也，由名分之未定也。夫卖兔者满市，而盗不敢取，由名分已定也。”意思是说，一只野兔在田野上跑，后面很多人追着想抓住它，但是市场上很多的兔子却没有人敢去抢。为什么呢？商鞅说，野兔名分未定，所以大家都去抢，而市场的兔子名分已定，所以没人敢抢。那么，名分怎么定呢？法律是一个最重要的手段。商鞅的“兔子理论”说明法律可以“定分止争”，解决“弱肉强食”问题，用商鞅的话讲就是：“故夫名分定，势治之道也；名分不定，势乱之道也。”

第二个关键词可以称为“三个和尚没水喝”。用经济学的理论解释，就是公共物品。“一个和尚挑水喝，两个和尚抬水喝，三个和尚没水喝。”这个故事大家都非常熟悉。只有一个和尚时，迫于生计，只有自己去挑水；两个和尚抬水喝，与一个人挑两桶水，效率足足差了 4 倍，人们为了公平选择低效的办法；三个和尚，大家忙于推卸责任，指望别人去承担义务，而自己享受成果。“三个和尚没水喝”说明——对于公共资源的建设，大家都会想推卸责任。一个好的社会应该是一个自由交易的社会，善于挑水的挑水，善于煮饭的煮饭，然后双方自由交易，每个人都实现自身的优势，资源实现最优的配置。不过，总是有一些事务无法通过自由交易加以配置，这在经济学上称为公共物品，需要由国家或者第三方加以提供。例如，小区的物业管理。因为“三个和尚没水喝”，所以小区里就请来物业公司，负责保安、保洁以及公共设施的运营和维护。法律除了“定分止争”之外，另一个重要作用就是提供公共物品与公共服务。

本讲小结

法律前理解

有这样一个段子：

一名罪犯整天想着如何越狱，什么时机最好。这天，在农场干活，他无意中捡到一个桃子，认定是上天暗示他逃！心中大喜！

在审讯室里，警察问道："为什么越狱？"

"我捡到一个桃子，以为上天暗示我逃，所以就越狱了。"

"那为什么又被抓回来了？"警察问。

"一时大意，没注意到桃子的颜色是白色！"

这名罪犯的思维模型令人忍俊不禁，但在他自己看来却是自圆其说的。一般认为，"法治应包含两重含义：已成立的法律获得普遍的服从，而大家所服从的法律又应该本身是制定得良好的法律"[1]。事实上，电影《我不是潘金莲》中的李雪莲，也有一套建立在"真的就是真的，假的就是假的"的良法预设。在申诉上访的十几年时间内，她自己应该有一套"自圆其说"的所谓道理。

法律思维应该具备较好的理论模型，否则，遇到稍微复杂的法律问题，虽然自己以为可以自圆其说，其实却是或者如段子里罪犯般"令人忍俊不禁"，或者如李雪莲式"自我折腾"。法律经过数千

〔1〕［古希腊］亚里士多德：《政治学》，吴寿彭译，商务印书馆 2006 年版，第 275 页。

年的发展，已经形成一套稳固而且可靠的理论预设。“法是非常古老的，对法的解释是许多世纪以来的工作，这种解释本身也毫无疑问地取得了法的地位。尽管还可能有对法律的自由解释，不过法的解释现在已经变得非常严格了。”[1]尽管真理也可能掌握在少数人手里，法律理论预设也有创新的必要，但是，绝对不是一套所谓的李雪莲式的自圆其说，就可以置法律共同体之共识于不顾的。

法律的理论预设大体可以区分为两个层面：一是本体论层面的，要回答的问题是“什么是制定得良好的法律”；二是实践论层面的，要回答的问题是“什么是对法律普遍地服从”。

制定良好的法律，涉及一套庞大的法伦理学。当然，并不是说每一个用法者都要系统地掌握法伦理学。在简单的法律问题面前，我们只需朴素的法伦理知识；面对重大疑难问题时，甚至可能需要将其置于人类伦理思想史的传统中讨论。本书仅为讨论稍微复杂的法律问题而作，因此，只选取其中一个相对重要的视角——普遍性。

的确，如李雪莲所言“真的就是真的，假的就是假的”，但是，法律不管琐碎之事，法律不可能为追回一只鸡而杀掉一头牛。法律是在考量普遍社会关系的基础上分配资源的。如果李雪莲的案件属于刑事案件，那么国家会倾注公权力资源为其收集证据，但是，在电影案件中，只能由李雪莲自己举证，举证失败，“真的就是真的，假的就是假的”在程序上也就无法实现了。

微课 32 和微课 33，从实体和程序两个层面展示了法律的普遍性特征。微课 34 和微课 35，从人的角度展示法律的普遍性特征。法律是普遍性规则，打官司维护自己权利，不容许别人违反法律，体

---

〔1〕［奥］卡夫卡：《我们的法律的问题》。转引自［美］德恩里科、邓子滨编著：《法的门前》，北京大学出版社 2012 年版，引言第 9 页。

现了对共同体普遍秩序的维护；那些承担罪责的人其实也在为普遍社会秩序接受惩罚；而为了法律能实现普遍利益，律师有时需要承担替“坏人”辩护的角色职责。我们需要接受的不仅是代表普遍性的法律，而且包括按照这些规则处理事务的人。微课 36 从经济学角度讨论为什么要接受代表普遍利益的法律。

什么是对法律普遍地服从？在稍微复杂的法律问题面前还是会有争论的。一个判断是不是依照法律的判断，一种行为是不是对法律的服从，不同的人可能会有不同的看法，哪一种看法才是对的呢？这需要借助一套法教义学方法论判断，以便实现共同规则之下的认知。第八讲至第十二讲是对这个问题的展开。

第八讲 权利义务

第二个法律理论思维可以概括为权利义务。当涉及要如何对待一个人或如何评价一个人的某个特定的行为时，我们常常会作出这样的界定："这个人是好人"或"这个人是坏人"，"这是对的，那是错的"。但是，对一个法律人而言，他的思维需要有一个转变，用法律而不是道德上的好坏对错来分析问题。并不是所有法律条文都可以成为法律适用的对象，有的条文只是辅助性的。可以作为法律适用的条文主要是那些具体规定权利义务的规则性条文。用法律分析问题，关键是要学会运用权利义务规则来分析问题。

说一个人有权利做某件事，和说他做这件事是对的，是两回事。常人用"对"来表达自己行为，而法律则认为"这是我的权利"。在法律人眼里，分析一个行为，要引入权利义务规则来分析。理想的情形当然是权利都代表对（正当），义务只是为了实现对的必要手段。但是，法律之所以存在，就是因为对簿公堂的双方各有各的道理，很多情况下各自都认为自己是对的。我们讨论法律的好坏，要深挖法律背后的对错。但是，如果用法，则必须超越具体的对错，依据现行法律规定的权利义务看问题。

微课 37
生活中很多看似稀松平常的事，包含意料不到的权利义务

朋友在一起喝一点小酒很正常，不过，要注意你们之间因为饮酒已经建立了法律上的关系。同席饮酒的人彼此之间有法律上的提醒和照顾义务。某个饮酒人因醉酒死亡，其他同席饮酒的人要承担相应的赔偿责任，这种事情在很多地方都发生过，因为他们在饮酒时未尽必要的提醒义务，酒后对醉酒的人没有尽到安全护送等义务。

生活中很多看似稀松平常的事，其实都包含很多你所不知的权利义务，如果不懂得运用权利义务规则来分析，那就有可能侵犯到他人的权利，或者错失获得赔偿救济的良机。

在餐厅摔倒了，自认倒霉吧。如果因踩到未及时清理的地板油渍导致滑倒摔伤，可以根据《民法典》关于侵权责任的规定向餐厅请求相应赔偿。

中国法院网于 2015 年 1 月 14 日报道了这样一起案件。2014 年 7 月的一天，年过半百的于先生与朋友一起到位于通州区的某餐厅就餐，岂料在餐厅里没走几步，因地面有油渍，于先生摔倒在地，经诊断为左髌骨粉碎性骨折，后经鉴定为十级伤残。于先生要求餐厅赔偿包括医疗费、误工费、护理费、交通费、住院伙食补助费、营养费、残疾赔偿金、精神损害抚慰金在内的款项共计 194，000 余元，但餐厅只同意赔付一小部分，且不同意赔付于先生精神损害抚慰金、护理费、营养费。双方争执不下，于先生只好诉至法院。法院经审

理认为，被告作为餐饮场所的提供者，其餐厅地面出现油迹，致使原告于先生摔倒致伤，故其未能尽到安全保障义务，应当对原告的合理损失予以赔偿，且确实给于先生造成了一定的精神损害。故对原告于先生要求被告餐厅赔偿各项损失的合理部分，法院予以支持。最终，法院判决被告餐厅赔付原告于先生各项损失共计160,000余元。

定金和订金读音一样，好像没什么区别吧，其实在法律上两者大有不同。定金是一种担保方式，签合同时，对定金必须以书面形式进行约定，同时还应约定定金的数额（不得超过主合同标的额的20%）和交付期限。给付定金一方如果不履行债务，无权要求另一方返还定金；接受定金一方如果不履行债务，须向另一方双倍返还定金。债务人履行债务后，依照约定，定金应抵作价款或者收回。而订金则只是具有预付款的性质，不具备定金所具有的担保性质，当合同不能履行时，除不可抗力外，还应根据双方当事人的过错承担违约责任。

现在的青少年个子普遍很高。如果你是商家，要注意了，问一下年龄，尽量不要出售价值较大的商品给未成年人。《民法典》第19条规定："八周岁以上的未成年人为限制民事行为能力人，实施民事法律行为由其法定代理人代理或者经其法定代理人同意、追认；但是，可以独立实施纯获利益的民事法律行为或者与其年龄、智力相适应的民事法律行为。"14岁的小明从你手中买了一部价值数千元的iPhoneX手机，小明的父母是可以拒绝追认，使买卖合同无法生效的。

双方想解除合同，于是就各自拿出一份书面合同（该合同一式两份),当面撕毁。在这种情形下,撕毁合同可以理解为解除合同,问题是——当双方有了纠纷,你得证明这合同被撕毁掉了,双方合意通过撕毁合同来解除合同。如果对方不承认这个事实怎么办呢?合意解除合同最好还是采用书面形式,你不能想当然地采用撕毁的形式。法律作为一种权利义务规则体系,不仅体现在实体法上,也体现在程序法上。程序法上的权利义务规则也是你必须注意的,在这里,你要注意到以后打官司是要讲证据的。

微课 38
你以为只是做了一件常人都会做的事，其实已经触犯刑法了

2006 年 4 月 21 日，许霆利用 ATM 故障漏洞取款，取出约 17.5 万元。2007 年 12 月一审，许霆被广州中院判处无期徒刑。2008 年 3 月 31 日，广州市中级人民法院宣布许霆案的一审重审结果，以盗窃罪判处许霆有期徒刑 5 年。被判处无期徒刑，很多网友为许霆喊冤，判处许霆有期徒刑 5 年依然有网友喊冤。为什么呢？因为他们认为许霆只是犯了一个常人犯的错误，一个常人的错竟然有 5 年徒刑，他们不理解。很多人学了一肚子法律，但是，一遇到具体问题，还是常人的对错观。用常人的对错来分析问题是法律思维的大忌，事实上，很多常人以为是“小错”，甚至是对的事情，已经严重违法了，等待你的可能是刑事处罚了。有一个刑事犯罪的案底，就业可是大受影响，甚至子女今后在某些特殊岗位的从业也受影响。

朋友嘛，当然要热情一点，来家里做客当然好。如果刚好有朋友是吸毒的，在你家里吸食毒品，可要注意了。2014 年 8 月 14 日，经群众举报，北京警方在东城区将艺人房某、柯某等涉毒人员查获，现场在房某住所缴获毒品大麻 100 余克，房某、柯某对吸食大麻供认不讳。房某因涉嫌容留他人吸毒罪被刑事拘留，柯某因吸食毒品被行政拘留 14 天。你知道朋友吸食毒品，又容留其在家里或你租的房子吸食，那就涉嫌容留他人吸毒罪了。很多事情，你不知道就罢了，你知道有时就麻烦了。你出租房子，很正常，但是他们用你的房子私底下接客卖淫，如果你知道了，还采取睁一只眼闭一只眼的态

度，甚至乘机涨点房租，是有可能构成“容留卖淫罪”的。

2016年10月，江苏淮安的驾校教练刘某和两位学员在购买“喜多多椰果王果粒饮料”后，发现果粒嚼不动也拽不断，便捞出椰果撕扯并称“会吃死人”，学员将这段视频拍下，在网络上热传。在视频流出后，喜多多集团请福建省食品质量监督检验中心对其椰果产品进行了检验，结果是符合国家标准，并未检出塑胶成分，于是就向警方举报。警方随后将刘某等人抓获。2017年7月7日，此案在晋江市人民法院一审宣判，被告人刘某、邓某犯损害商品声誉罪，判处有期徒刑9个月，并处罚金人民币5000元。如果你还以为抱怨产品质量差很正常，未经核实拍个视频上传网络，可要小心，厂家要对产品质量负责，你也要对你的话负责。

晚上开车撞了什么东西，一些人可能不以为然，反正车没问题，就继续开吧。黑灯瞎火的，下来看好恐怖，一些胆小的人更是有这种想法。但法律告诉你，还是要下车看看，如果撞到的是人，你开车走了，可能就涉嫌交通肇事罪逃逸了，逃逸致人死亡的，可是要处7年以上有期徒刑的。

行人闯红灯，违反交通法规，这一点大家都知道，不过，要注意，这也可能触犯刑法。如果有机动车为避让行人闯红灯而发生交通事故，致人重伤、死亡或者使公私财产遭受重大损失，那么，行人有可能构成交通肇事罪。很多人以为只有驾驶机动车才可能构成交通肇事罪，事实上，非机动车以及行人都可能是交通肇事罪的主体。

很多人欠别人百万元、千万元都没有触犯刑法，但是，你可不要以为欠钱不涉及刑事责任。如果是信用卡欠款就有可能麻烦了，欠款超过50,000元，被银行催款两次超过3个月仍不还，那就涉嫌恶意透支了，有可能会构成信用卡诈骗罪。有些人本来有钱还，只是忘记了，又因为变更联系方式没通知银行，银行联系不上，那就更倒霉了。变更联系方式要通知银行，信用卡万一透支了没还，银行找不到你就麻烦了。就算是没有犯罪，被刑事立案，也很讨厌啊！

与人争吵，一定要理性，不要动手。一些人电影、电视剧看多了，以为动手很有骨气，其实那是在演戏。电影、电视剧中那些凶悍的动作，如果按照刑法来，十有八九要进监狱。万一忍耐不住动手了，一定要注意：动刀有大概率构成故意伤害罪，刀不长眼睛，不小心一划就是轻伤以上，达到故意伤害罪的标准了；动脚，脚的力气很大，用脚踢到别人肋骨等比较薄弱的部位，有可能造成骨折，很容易达到故意伤害罪的标准；动手，五官等部位受到拳头打击，也是比较容易达到故意伤害罪的标准的。

在这个社会，办理很多业务，都需要各种证件。证件本来是有的，但是丢了，又急着用，怎么办？有人就想到刻个印章制造个假证，这时刑法可能就盯上你了。我国《刑法》第 280 条第 1 款规定："伪造、变造、买卖或者盗窃、抢夺、毁灭国家机关的公文、证件、印章的，处三年以下有期徒刑、拘役、管制或者剥夺政治权利，并处罚金；情节严重的，处三年以上十年以下有期徒刑，并处罚金。"

小孩想要买枪玩，就购买仿真枪给孩子。送点小礼物给小孩，人之常情。不过，你可小心啊，现在有些商家把仿真枪做得越来越仿真，如果太"真"了被鉴定为"枪支"，是有可能构成《刑法》第 125 条、第 128 条的"非法买卖枪支罪""非法持有枪支罪"的。2009 年 10 月，在广州一个玩具市场卖了一个月仿真枪的王某其被警方带走，让他意外的是，他摆摊贩卖的 20 支仿真枪，有 18 支被鉴定为真枪，而这些枪在他眼里，不过是一些伤不了人的玩具。

微课 39
有困难找警察

“有困难找警察”，曾是前些年的一个响亮口号。据说，最早是漳州市公安局先提出来的。漳州市公安局将当地“110”报警台更改为“110”报警服务台，并向全市人民作出承诺：“市民有困难，需要警察帮助的均可拨打‘110’。”从溺水、自杀、斗殴等报警，到开锁、寻人、问路等求助，都被纳入“‘110’报警服务台”服务范围。1996年，“有警必接、有难必帮、有险必救、有求必应”的“漳州‘110’”被国务院命名为“人民的‘110’”，并在全国推广。在当时，确实起了一定的作用，至少在一段时间内，使人民群众对公安民警的形象大为改观。不过，对于这种提法，公安机关内部一直有很大的争议：“有难必帮”，“困难”的范围太广了，公安机关职责范围和能力毕竟有限；“有求必应”，如果兑现不了，你就是违反承诺，就是不诚信，如果人们按照个人主观去理解“求”，那么，在他们眼里，公安的诚信就大有问题了。

“有困难找警察”并不是一个恰当的口号。我国现行《人民警察法》第2条第1款规定：“人民警察的任务是维护国家安全，维护社会治安秩序，保护公民的人身安全、人身自由和合法财产，保护公共财产，预防、制止和惩治违法犯罪活动。”警察的职责有限，远远不能解决群众的诸多困难。2016年全年，深圳市公安局“110”共接报警6,457,888宗，有效警情4,401,308宗，占总警情的68.2%，而非警务报警占31.8%。非警务警情大量涌向“110”报警平台，占用了宝贵的公安资源，民警忙于应付非警务事务对正常的警务活动带来影响。公安机关的职责主要是处理涉及人民群众生命财产安全和公共安全的紧急求助，一个更恰当的口号应该是“有危难找警察”。

“有困难找警察”已经深入人心，政府部门太多，老百姓搞不清楚，他们仍然喜欢找警察。对此，公安机关要主动向社会宣传自身的职责范围，应向广大群众讲清楚，什么应该由人民警察去办，哪些事项不应由人民警察来承担，使公安机关认真履行职责和不从事非警务活动都能得到人民群众的理解与支持。而老百姓则应从“有困难找警察”的固化认识中跳出来，这是从日常思维到法律思维的一个关键跨越。

进一步追溯，“有困难找警察”大概是源于长期流传的“有事找政府”的文化。这种文化不仅对老百姓有影响，而且很多官员也深受影响。“有事找政府”，从思维角度来看，更像是一种道德思维，而不是法律思维。公民有其权利义务，政府也有其法定权力和职责，法律思维要求我们依照法律找政府，而不是什么事情都找政府。政府能力有限，政府各部门之间也有分工，除了政府还有法院，有的事情应该找法院而不是找政府。例如，民间借贷属于民事纠纷，应当向法院起诉要求偿还借款，警察不能介入民事纠纷。除警察外，市场监督管理执法人员也经常遇到这种困惑。很多人遇到消费纠纷，第一时间想到的是市场监督管理机关。其实，行政处罚必须有充分有效的证据证明当事人违法才能实施，一些消费纠纷的事实认定、法律适用有很大的模糊地带，执法人员面对此类纠纷会更倾向于不认定违法而建议向法院起诉。有的当事人对此无法理解，但是，一些纠纷的确由法院解决更好。

“有困难找警察”不适合作为一种制度提倡，当警察拒绝我们不合理的要求时，要学会理解。不过，遇到可找警察的事情一定不要错过，这是一种高效率解决纠纷的办法。债务人欠钱不还逃跑了，如果疑似合同诈骗，你可以向公安机关报称自己被合同诈骗，由公安机关立案找到债务人就相对容易得多。当公安机关抓到犯罪嫌疑人后，你可以提出还钱就申请撤案，犯罪嫌疑人通常都会先想办法还款或部分还款。当然，公安机关可能认为不是合同诈骗罪，你也做好通过民事途径寻求救济的准备。在一些离婚纠纷中，一方想收集对方有外遇的证据，当发现对方与第三者入住宾馆，就打电话报警，说对方在嫖娼，然后警察上门调查，这虽是较高效的取证手段，但不能不说有点极端。

微课 40
法律有什么？如何简单了解不同法律的核心准则？

从日常思维到法律思维，需要一个重要的跨越：懂得用权利义务规则而不是常人行为的是非对错来判断。权利义务规则太多了，怎么掌握呢？

法律是一个庞大的体系。从法律部门来看，有宪法、刑法、行政法、民法、商法、经济法、社会法、诉讼法等。从法律的表现形式来看，首先是宪法，其次是由全国人民代表大会及其常务委员会制定的法律，然后是行政法规、地方性法规、行政规章等。从具体的数量来看，我国现行有效的法律、法规、规章就有二十多万部，其中全国人民代表大会及常委会制定的法律有两千多部，行政法规八千多部，如果进一步讨论，其中的规则更是不胜其数。

如何快速掌握最主要的法律规则？一个有效的方法就是将法律分为公法与私法。公法调整的是公民与公共权力的关系，私法调整的是平等主体间的关系。调整公民与公权力关系的公法，包括宪法、刑法、行政法、刑事诉讼法、行政诉讼法等；调整平等主体之间关系的私法，包括民法、商法、仲裁法等；此外，有些法律兼有公法与私法的内容，也被称为公私混合法，如劳动法、消费者权益保护法、反垄断法，民事诉讼法也经常被称作公私混合法。

公法和私法的分类不仅可以帮助我们了解主要的法律部门，更可以帮助我们进一步了解这些法律部门的核心规则。如何运用这一分类来理解法律呢？归纳起来就是两句话：法无授权不可为，法不禁止皆自由。

公法的最主要特点是法无授权不可为，因此，公法都强调法定原则，为什么要强调法定原则呢？现代国家一般都确认主权在民，一切权力属于人民，政府如何能管理或协调公民呢？其前提是政府要体现人民的意志。怎样保证政府体现人民的意志呢？一个重要的办法就是法治政府，政府必须依据体现人民意志的法律实施管理，所以，刑法、行政法、刑事诉讼法必须遵循法定原则，刑法中的罪刑法定、行政法中的依法行政、诉讼法中的依法裁判，都是这个原则的体现。不过，仅依靠法治并不足以让政府体现人民意志，因此，公法还有另一项重要原则——人权原则，刑法中的罪责刑相适应原则，行政法中的行政合理原则，刑事诉讼法中的无罪推定，以及宪法中的公民权利制约国家权力的精神都包含人权原则的因素。

私法的最主要特点是法不禁止皆自由，即尊重当事人自由意志。当一方自由意志与另一方自由意志达成一致时，可缔结法律关系，例如合同自由、结婚自由；当一方自由意志受到对方侵犯时，就可以要求对方承担侵权责任，侵权责任、损害补偿就是这一原则的体现。整个私法主要围绕这两个方面展开。

公法的规则主要是法定、人权，私法的规则主要是自由意志。公私混合法的核心规则可谓两者的综合。例如，在民事诉讼法中，诉讼当事人之间的法律关系类似于私法关系，私法中的自由意志原则有广泛适用，例如撤诉、调解；诉讼当事人与法院之间的法律关系则更倾向于公法关系，所以更多地强调强制性、禁止性规范，强调法定与人权原则。

微课 41
为什么奥地利公民投票支持“继续保留义务兵役制”？

法律是权利义务规则。权利意味着人们可以作出或不作出一定行为的自由，自然会为人们所向往。义务意味人们必须作出一定行为或不得作出一定行为，是对人的一种约束。为什么人们愿意接受义务的约束呢？回答这一问题对健全我们的法律思维也很有帮助。

为什么人们接受义务的约束呢？权利义务相辅相成，为了保证每个人的权利，人们得承担不伤害他人的义务。除此之外，人们常常还要为公共利益承担一定的义务。“我们每天所需要的食物和饮料，不是出自屠户、酿酒家和面包师的恩惠，而是出于他们自利的打算”，亚当·斯密这句名言告诉我们——每个人以不损害他人的合法权利的方式追逐个人利益，就可以实现他人的利益和社会利益。但是，亚当·斯密也认为某些公共机关和公共工程，不可能由个人以追逐自己利益的方式举办。“建设并维持某些公共机关和公共工程。这类机关和工程，对于一个大社会当然是有很大利益的，但就其性质说，假设由个人或少数人办理，那所得利润决不能偿其所费。所以这种事业，不能期望个人或少数人出来创办或维持。”为了促进公共机关和公共工程的建设与维持，就需要限制个人权利，也就是说，人们必须为促进公共利益而承担一定的义务。为不伤害他人和促进公共利益承担必要的义务，这一点已经为人们所熟悉，其实，承担义务还有另一种出乎很多人意料之外的功能，这一点在“奥地利公民投票支持继续保留义务兵役制”的案例中有适当的体现。

2013年1月20日，奥地利举行全民公投，59.8%的参与当天公投的奥地利公民将票投给了“继续保留义务兵役制”，明确拒绝奥地利走上军队职业化的道路。奥地利民众反对军队职业化的一个重要原因是害怕军队职业化影响该国的中立政策。国家实行义务兵役制，虽然带有强制性，但反过来，国家不得不求助于公民，公民也就产生了对国家的制衡，研究表明，实行义务兵役制有助于在全国范围内形成反战力量。

类似地，公民承担纳税义务本身也可以起到制衡政府的作用，英国王室财政从一开始就依赖于贵族的税收。王室想要做事情，需要征税，就不得不向贵族妥协，如果王室不给贵族更多的权利，贵族就不肯给钱，这样逐渐形成一种权力的制衡机制。可见，公民承担对政府的义务可以制衡政府，公民承担服兵役、纳税等义务在一定程度上为制衡政府创造了条件。

权利义务相辅相成，在一个法律面前人人平等的现代社会，你承担义务，意味着你拥有某种权利，承担了纳税义务，也就取得了某种制衡政府的权利。某些义务则完全是被迫的，并没对应的权利，这种义务有时也会取得某种意料之外的效果。“一战”的惨败让德国输个精光，被迫付出巨额赔款，为了支付赔偿，德国拼命生产、拼命出口，结果壮大了制造业，很快又重新崛起。人都追求平等，追求权利义务的平衡，但是，有时候承担义务也会有壮大自己的效果，进而为下一次权利义务平衡打下基础。

本讲小结
从法感到法律关系分析

法律思维的基本模型是以法律规范作为大前提，以事实作为小前提，按照三段论模式演绎得出法律结论。在绝大多数案件中，法律规范并不能与案件事实完全吻合，需要有一个法律发现（找法）的过程。然而，从众多的法律规则中发现与个案事实相匹配的法律规则并非易事。

经法律学习之后，遇到个案事实，脑袋通常会蹦出一些模糊或者清晰的法律规范，如果没有感应到相应的法律，通常也会产生一定的对错观。这些感觉被称为法感，是法律适用的起点。法感的运行不是以程序、步骤为特征，而是以“智力上跳跃式”的高速反应的理解方式，通过直接洞察，把握案件的整体，在瞬间获得和形成结论，没有经过逻辑推理的检验。[1]法感经常被认为是任意的、无法预期的和主观的，不为法学方法论重视。

事实上，这种感觉非常重要，如果没有法感，法律发现不可能顺利进行。法感是经过长期法律专业训练的结果，不过，由于教学案例的局限，很多初级学法者的法感是不健全的。从书本里的法律思维跨越到真实世界的法律思维，必须重视法感的培养。法感的训练不能局限在书本里，一定要保持对生活中的法律的敏感，微课 37、微课 38 为初级学法者提供了一些可供参照的训练案例。

---

〔1〕 参见陈金钊、熊明辉主编：《法律逻辑学》，中国人民大学出版社 2022 年版，第 175 页。

法感是重要的，不过，法感思维的结果至多只能称为“假说”，可能正确，也可能不正确。法律发现必须要遵循一定的程序、步骤，需要对可能适用的法律规范进行全部检索，在初步确定预选法律规范之后，还要根据构成要件严格检视，筛选可适用的法律规范，然后以整个法律体系为准进行涵摄，最后确定与个案事实最相匹配的法律规范。在法律发现的过程中，法律关系分析是一种重要的分析思路。

法律应用意味着思维需要做一个转变——从对错判断到规范适用。不过，在通常情况下，并不是从对错直接跃升到规范，中间需要经过法律关系分析。法律关系经常被认为是一般社会关系受法律调整后形成的一种权利义务关系，是法律适用的结果，事实上，我们也可以换一个角度将它理解为法律规范中所规定的权利义务关系。法律关系分析是一个涵摄（法律调整）的过程，也是寻找法律规范的过程。

一般来说，遇到案件事实，首先要考虑它会引发怎样的法律关系，归属哪个法律部门调整。微课 40 提供了一种简要区分不同法律部门的快速判断方法。当个案事实被识别为特定法律部门调整之后，只是为法律发现划定了大致的范围，还需要进一步具体定性，进行类型识别。

所谓类型识别，就是遵循各部门法内部的法律类型概念体系，确定事实所属的类型。以民法为例，某财产关系可能是物权关系或者债权关系，债权关系又可分为合同之债、侵权之债等，合同之债又被划分为买卖、租赁、承揽等合同类型。一般需要在类型识别之后才能初步选定可适用之法律规范。

微课 39 讨论警察所管辖的法律关系，意在说明法律类型查找不仅有部门法的视角，也可以从执法机构管辖或者法律服务机构能提供服务的法律类型入手。这种找法思路：一是有助于把握权利实现的程序；二是通过向相关机构的咨询可进一步锁定与个案事实相匹配的法律规范。提到找法，很多人想到网络检索，尽管互联网的检索功能越来越强大，但传统人际关系网络同样不可小觑。问对了人可以事半功倍，是不容忽视的检索法宝。不妨拿起电话，咨询的结果将能帮助我们把握自己所不能准确判断的细节。

在找法的过程中，法感起到非常重要的作用。法律关系分析虽然有方法支撑，但是，如果缺乏足够的法律敏感，其过程不会是顺畅的。不过，法感只是感性判断，深受情感之影响。面对权利义务分析，很多人会不知不觉地只关心权利之行使而忘记义务之约束。微课 41 的讨论有助于我们端正权利义务分析的预设立场。

第九讲　主　　体

第三个法律理论思维可以概括为主体。王某在路上被狗咬伤，谁负责呢？如果王某无挑逗等过错行为，狗的主人应当承担责任。虽然王某是被狗咬伤的，但是狗不会负责，法律调整的是人与人之间的关系，必须从人的角度看问题。不过，单纯从人的角度无法厘清法律关系，你必须将世间的各种社会关系理解为法律主体与法律主体的权利义务关系。从日常思维到法律思维，需要一个重要的跨越：实现从具体单个的自然人到抽象且多样的法律主体的认识飞跃。

与你打交道的对方肯定是一个活生生的自然人，但是，在法律世界里，你还须判断他是他自己，还是一个代理人，或者是一个代表；是由其本人承担责任，还是由他代理（代表）的组织承担责任，或者还有与他同时承担连带责任的主体。法律关系是法律主体与法律主体的关系，辨明与你打交道的法律主体的性质，才能明确你是在跟谁发生法律关系，法律责任最后由谁承担。而能否在这样的法律关系中达到你的目的，你还须进一步审查与你发生关系的法律主体背后的资源。你与他人签订合同，就要注意审查对方的主体资格、信用、履行合同的能力和偿债能力。当你准备进入一家新公司时，你需要查询一下该公司的注册信息及其他资料，它的法人代表，它的高管，它的主营业务，等等。你在交通事故中受到他人的侵害，则要审查对方的主体资格、财产赔偿能力，否则你可能就会白打官司。

微课 42
从合同主体的审查看如何与他人打交道

在日常生活中，和他人打交道，每个人大体有一套了解他人底细的经验。但是，当你与他人建立的是一种法律关系时，就得注意了，这时你还必须从法律角度了解他人的主体资格。一个合同审查的例子，可以帮助我们学会从法律角度核实对方的主体资格和资信情况。

对外签订合同，无外乎包括两个方面：一是和谁签；二是怎么签。合同主体问题就是和谁签的问题。

关于合同主体的审查，包括两方面：一是主体的资格，也就是对方当事人有没有资格或者能力签订合同；二是主体的资信，也就是对方当事人有没有履行合同的资力和信用。广义上的合同主体审查还包括审查自己的资格和资信，不过，这里只讨论审查对方当事人资格和资信的要求。

首先是合同主体资格的审查。根据我国现行的法律规定，民事行为的主体大致可以分为法人、非法人组织和自然人。主体不同，对其资格的审查也就不同。

签约对方为自然人时，要看其民事行为能力。订立合同的自然人须具有相应的民事行为能力。18 周岁以上的自然人，具有完全民事行为能力；16 周岁以上不满 18 周岁的公民，以自己的劳动收入为主要生活来源的，也视为完全民事行为能力人，具备签约的资格。8 周岁以下的自然人或不能辨认自己行为的精神病人无民事行为能力，不具备签约资格，必须由他的法定代理人代理民事活动。8 周岁以上的未成年人或不能完全辨认自己行为的精神病人为限制民事行为能力人，限制民事行为能力人订立的合同，一般须经其法定代理人追认，才能生效。因此，在与自然人签订合同时，应当确认其是否具有相应的民事行为能力，否则，与之签订的合同可能会面临无法生效的风险。在与自然人签约时，最好要求其提供身份证，保留其身份信息——户籍地、经常居住地、身份证号码、联系方式、配偶身份信息、银行账户，必要时可以对其进行实地考察和确认。这些信息可以帮助我方更好地履行合同，也有助于发生纠纷后提起诉讼与裁判的执行。

签约对方为组织时，要辨明其是法人组织还是非法人组织。法人是指经有关登记机关核准登记并领取了法人营业执照的组织，有限责任公司和股份有限公司是典型的法人组织。非法人组织是指合法成立、有一定的组织机构和财产，但又不具备法人资格的组织，包括个人独资企业、合伙企业、不具有法人资格的专业服务机构等。对签约主体的资格还要严格审查：（1）营业执照。要审查对方的营业执照及年检的情况，明确其主体资格的合法性（是否合法注册、是否存在未年检导致被吊销营业执照等情况）和经营范围。（2）资质证书。对法律法规规定必须具备相应资质条件的合同项目，如广告企业必须要有广告经营许可证，要审查对方的资质现状。没有相应的资质证书，就算合同签订了也可能无效。审查企业的主体资格可以登录其所属地市场监督管理局网站进行查询，不能仅凭其名片、介绍信、工作证、公章、授权书、营业执照复印件等文件，就相信对方。

很多情况下，合同是由一方或者双方授权代表签署的，此时应当审查代理人是否具有代理权限、是否超越代理权限或代理权限是否已终止。实践中，主要是看签约代表是否为法定代表人或是否有委托授权书。需要注意的是，法人和非法人组织的内部机构不具备签约主体资格，其签订的合同可能会因为主体不适格而无效；法人依法设立并领取营业执照的分支机构除法律特别限制外有签约资格，而没有营业执照的分支机构就没有签约资格，签订合同需由法人授权。对于个人作为代理人或者法定代表人的，可以登录公安部公民身份信息核查网，对身份证信息进行核查。有的营业执照是真的，但法定代表人是假的，所以有必要对法定代表人、合同签字人、经办人的身份进行核查，要求其出示身份证。

在审查了对方主体资格后，还应当核实对方的资信情况，这直接关系到对方的合同履行能力。上网查询对方是否被列入失信人员名单，到相关部门调查资产状况、不动产登记等以判断其签约后能否顺利履行合同。对财务报表做财务分析，了解其资产和盈利状况。通过对方的市场经营活动信息、媒体报道、政府管理部门及相关社会团体的网站对其资信信息进行调查与核实。有可能的话，最好进行实地考察，或者委托专业调查机构对其资信情况进行调查。

法律关系主体是法律关系中享受权利、承担义务的人，能否真正享有权利、承担义务与主体的状况有很大的关系，在法律上与他人打交道，需要像审查合同一样，核实对方的主体资格和资信情况。

微课 43
我是谁?

在日常生活中,我就是我,我的责任我来承担,别人的责任不必由我承担。但是,在法律上,有时你除了承担自己的责任外,还不得不承担连带责任。

接着微课 42 所讲的合同话题。别人签的合同是有可能由你来承担责任的,即使他没有代理权、超越代理权或者代理权已终止。最典型的是表见代理。表见代理是指行为人没有代理权、超越代理权或者代理权终止后以被代理人的名义订立合同,但是相对人有理由相信行为人有代理权的,该代理行为有效。如果是表见代理,你就要对该代理行为的后果承担责任。从事企业经营活动,经常就会有这种情况,他人的行为需要由你的企业承担法律后果。

你为了经营方便,将本企业的空白介绍信、授权委托书和空白的盖有企业公章的格式合同交给他人,若对方超越代理权或者代理权终止后还以你企业的名义订立合同,很可能构成表见代理。预先发出盖章的空白介绍信和空白合同书给销售或采购人员有很大的风险,最好避免这样做。如果必须这样做,那一定要严格控制和管理。在空白介绍信中明确规定该销售或采购人员可以签订合同的具体项目、金额上限,以及其有权独立签订合同的时间期限。在他们的职务停止或者岗位调整后,除了全部回收预先给他们的空白介绍信、授权委托书和空白的盖有企业公章的格式合同外,还必须以最快的速度正式书面通知与他们有业务往来的关系客户。以下几种情况也很可能构成表见代理：（1）代理权消灭后未及时收回授权委托书；（2）授权委托书遗失时，未及时登报声明作废；（3）知道他人以你企业的名义从事经济活动而不做否认表示，如果形成惯例的话，也很可能被认定为表见代理；（4）授权委托书中授权不明，比如只笼统地写“全权代理”“部分代理”“特定代理”等。

借车给朋友却丢了一套房，这是为什么呢？胡某红把自己的车借给朋友袁某，袁某酒驾将行人刘某和胡某撞倒致一死一伤，并驾车逃离。交警作出认定，袁某应承担本次事故的全部责任。死者刘某家属遂将司机袁某、车主胡某红及保险公司一同告到法院。法院经审理判决：袁某醉酒且持过期的驾驶证，故保险公司在商业三者险范围内不承担赔偿责任。胡某红将车辆借给驾驶证已过期的袁某使用，对事故发生存在过错，应承担连带赔偿责任。最终，胡某红用其位于向阳湖镇的一处房屋作价 30 万元抵偿给刘某家属，袁某赔付现金 22 万元。袁某、胡某红还共同出具欠条，承诺额外赔偿 3 万元，在 2 年内付清。

（中国青年网 2017 年 8 月 2 日报道）

朋友借车，不借好像不够朋友，但是，对方没有驾驶证，或者喝酒、吸毒之后，或者你知道车本身有安全隐患，仍然选择借车的，你可能就要承担连带责任了。

在现实生活中，我就是我，但是，在法律世界里，我就不一定是我了，我是一个法律主体。我可能是我（一个自然人），也可能是其他主体的代理人，或者是一个组织的法定代表人。我可能是独立的责任主体，也可能存在与我共同承担连带责任的主体。作为自然人，在平等主体之间不带有营利性的法律关系中，我就是以民事主体的身份出现；在带有营利性的法律关系中，我可能是商事主体，也可能是民事主体，而作为民事主体与作为商事主体，两者的责任也是不一样的。在行政法律关系中，我可能是行政相对人；而在刑事法律关系中，我可能是犯罪嫌疑人，这也是有区别的。

微课 44
公司就能保证股东有限责任吗？

法律是人的行为规范，人可能以自然人形式活动，也可能以组织形式活动。组织有法人组织也有非法人组织，公司是典型的法人组织。一旦与你打交道的组织有公司两个字，就表明与你打交道的组织是一个独立的法人，这个组织和它的所有人是分离的。除非你与所有人有特别的约定，否则承担责任的就只是这家公司。这家公司的所有人并不承担债务责任。这家公司可能无法偿还债务，但是，他的所有人，继续住着大房子，开着豪车，你无法要求把他的车子和房子给你。不过，这只是日常生活中的直觉思维，法律思维要求你考虑到诸多例外情况。

王某与妻子陈某共同成立并经营一家公司，王某任法定代表人，妻子任总经理，公司规模不小，不过，股东也就王某与妻子陈某两人。公司拥有一幢写字楼，除本公司自用外，写字楼大概有一半的面积用于出租，每月都有稳定的租金收入。为了逃税，他们用女儿的名义在银行开立了一个账户，让部分不要发票的租户将租金直接转账到女儿的银行账户，几年累积下来，女儿的账户共收租金千万元。后来，女儿、女婿闹离婚，女婿要求将妻子名下千万元存款作为夫妻共同财产分割，王某夫妇认为这是公司的钱，不是女儿的收入，但是，由于担心女婿举报税务机关，不得不吞下苦果，将女儿名下500 万元存款给了女婿。虽然吞下苦果，但也是一步臭棋，不仅没有免除王某夫妇涉嫌逃税刑事责任的风险，而且，还面临着以家庭财产对公司债务承担连带责任的风险。

在企业的日常运营中，很多股东个人财产与公司财产不分，用个人账户收取企业的往来经营款，给自己和公司带来很大的风险，既可能面临逃税的刑事责任，也可能被认定为“公司股东滥用公司法人独立地位和股东有限责任”，以致必须对公司债务承担连带责任。

一般情况下，公司债务与股东个人无关。若存在以下情形，股东则可能需对公司债务承担连带责任。

情形一：公司经营过程中的连带责任

这在中小企业中尤为常见。很多中小企业受股东个人的高度控制，如果对公司人格混同的风险重视不足，在经营过程中有可能造成公司与股东、关联公司之间、母子公司之间的财产混同。常见情形有：(1)一套人马两块甚至多块牌子。法定代表人、董事、经理等高级管理人员一致，相互兼任、统一调配，参与公司经营的主要业务员一致。各个公司表面上独立，但实际上财务不分、人员不分、资产不分。(2)随意处置公司资金。例如，公司与股东的资金混同，并持续地使用同一账户；家庭共同财产与公司财产不分；母公司随意处置子公司的资产，控制子公司的资金往来；关联公司的成本由一个公司承担，而盈利转化为另一个公司的财产；公司经营场所、主要生产设备和办公设施与其股东、关联公司的营业场所基本同一；股东、关联公司与公司财务公章的混用；等等。(3)业务混同。公司被控股股东支配或操纵，公司业务与其他关联公司业务不分，存在大量的、不公允的关联交易。(4)一人公司股东不能自证清白。《公司法》第63条规定：一人有限责任公司的股东不能证明公司财产独立于股东自己的财产的，应当对公司债务承担连带责任。

以上情形很可能适用公司人格否认制度，这样股东（或者关联公司）就须对公司债务承担连带责任。如果还出现企业主利用自己对公司的绝对控制优势随意将公司的财产非法占为己有或挪作他用的，除对公司债务承担民事连带责任外，情节严重的，还有可能构成职务侵占罪和挪用资金罪。

情形二：公司设立过程中可能出现连带责任

成立一家公司创业是很多人的梦想，不过，一旦设立失败或者不注意审核其他股东的出资，则有可能被迫承担连带责任。股东在公司设立过程中可能出现连带责任的情形包括：（1）有限责任股东非货币出资显著低于章程所定价额的，公司设立时的其他股东承担连带责任。（2）股份有限公司发起人未按章程规定缴足出资的，其他发起人承担连带责任；发起人非货币出资显著低于章程所定价额的，其他发起人承担连带责任。（3）股份公司不能成立时，发起人对设立行为所产生的债务和费用承担连带责任；股份公司不能成立时，发起人对认股人已缴纳股款，负返还股款并加算银行同期存款利息的连带责任。

情形三：公司清算注销过程中可能出现连带责任

甲有限责任公司未年检，被市场监督管理部门吊销营业执照，但至今未清算。张三是这家公司的小股东，只出资1万元，没有参与公司实际经营。你可能认为公司没清算跟张三没多大关系吧，实际上张三有可能要对公司债务承担连带清偿责任。如果公司债务有100万元，他有可能就要承担100万元的债务了。挂名股东、没参与实际经营的小股东可不是好当的，未在法定期限内进行清算，怠于履行清算义务导致公司的主要财产、账册等灭失的，可能会摊上麻烦事。在公司清算注销过程中可能出现连带责任的情形包括：(1)公司清算未依法履行通知和公告义务，如果债权人未及时申报债权而未获清偿，债权人可以主张清算组成员对因此造成的损失承担赔偿责任。(2)执行未经确认的清算方案，给公司或者债权人造成损失，公司、股东或者债权人可以主张清算组成员承担赔偿责任。(3)股东未在法定期限内进行清算，导致公司财产贬值、流失、毁损或者灭失，债权人可以要求股东在造成损失范围内对公司债务承担赔偿责任。(4)股东怠于履行义务，导致公司主要财产、账册、重要文件等灭失，无法进行清算，债权人可以要求股东对公司债务承担连带清偿责任。(5)股东在公司解散后恶意处置公司财产，给债权人造成损失，债权人可以要求股东对公司债务承担相应赔偿责任。(6)股东提供虚假清算报告骗取公司注销的，债权人要求其对公司债务承担相应赔偿责任。(7)公司被撤销、注销或歇业后，股东无偿接受公司财产，致使被执行人无遗留财产清偿债务或遗留财产不足以清偿债务的，可要求其在所接受的财产范围内承担责任。

本讲小结
法律关系分析的具体展开

当我们初步厘定特定个案事实的法律关系之后，需要进一步确定其要素。法律关系分析的主要内容是分析法律关系的要素，包括法律事实、主体、内容、客体等。微课着重从主体角度进行探讨，在此基础上，我们需要进一步完整把握法律关系分析方法。

一般提及主体，都是从作为法律关系构成要素的主体角度展开研究。其实，主体首先必须在法律事实层面予以讨论。法律事实，就是法律规定的、能够引起法律关系产生、变更和消灭的现象。法律关系是主体的权利义务关系，法律事实之所以引发法律关系，其中必然有主体在其中发生作用。主体权利能力和行为能力直接影响到某种法律关系能否发生。微课 42 以合同为例进行了讨论。合同法律关系能否成立与主体的资格密切相关，包括主体的权利能力和行为能力。从真实世界的法律思维角度考察，还必须讨论合同所约定的权利义务能否得到实现，因此，微课还重点关注了当事人有没有履行合同的资力和信用。

法律关系分析首先要着眼于法律事实。法律事实是依法能够引起法律关系产生、变更和消灭的事件与行为。一个完整的案件事实包括“5W”，谁（Who）、何时（When）、何地（Where）、何事（What）、为何（Why）。主体权利能力和行为能力会影响法律关系的性质，时间、地点、具体行为本身也会影响法律关系的性质。

当我们初步厘定特定个案事实的法律关系之后，还必须结合法律事实的具体特征，进一步准确厘定法律关系属性，也就是说，要具体分析法律关系的主体、客体、内容三要素。法律关系主体是法律关系的参加者。法律关系客体是指法律关系主体之间的权利和义务所指向的对象。法律关系内容是法律主体所享有的权利和所承担的义务。准确确定法律关系主体是确定法律关系性质的第一步，如果不能正确厘清法律关系主体，就谈不上判断法律关系性质。微课 43 主要从常为人们所忽略的连带责任法律关系出发讨论这一话题，能引发法律关系的不一定都是自己直接参与的行为，他人的行为也可能让你承担连带责任。分析法律关系需要特别注意连带责任这一层关系。微课 43 就法人与自然人两种不同主体进一步分析，在一些情况下，个人有时也不得不为法人债务承担连带责任。

找法的过程是一个法律关系分析的过程。法律关系分析为全面地把握案件性质与当事人权利义务关系提供了基础。不过，法律适用具体体现为法律规范的适用，因此，还需进一步确定法律规范。一般来说，我们必须以整个法律体系为准进行涵摄，才能确定与个案事实最相匹配的法律规范，通过三段论的适用做出正确的判断。也就是说，我们需要对法律有完整的理解，学会用体系化思维处理问题。

第十讲　法律的完整把握

法律思维就是这样，它必须在日常思维的基础上加上法律理论思维的高度。第四个法律理论思维可以概括为“法律的完整把握”。法律就在身边，我们多多少少都有一些法律常识，不过，日常生活中积累起来的法律常识往往是碎片、零散和孤立的，当你准备应用法律时，还得回到法律文本，完整把握法律的具体规则。不懂法律，很可能被蒙骗，但是，只懂一点法律，你同样有可能陷入法律应用的泥沼之中，或者小题大做、大惊小怪，或者鲁莽冲动、无视风险。法律是一个庞大的体系，有无数的法条，大多数人包括法官、律师等职业法律人也只懂得其中一部分。只懂一部分（或者一点）法律是一个必然的现象，在运用法律思维时，你得提醒自己：一定要回到法律文本，完整把握法律的具体规则，再做判断。

法律思维意味着：你不能只凭印象，不能只凭日常生活积累起来的对法律只言片语的理解作出判断，一定要提醒自己将法律推理建立在对法律完整把握的基础上。

微课 45
出轨距离婚损害赔偿还有多远?

一方出轨，另一方想要离婚，而且想要离婚损害赔偿，这些要求可以实现吗?

夫妻所构建的家庭就像在两条轨道上行使的列车，当夫妻一方出轨——在婚外寻求第三方来满足自身的性、情感的需求，家庭这列列车可能就会倾覆。“出轨”意味对《民法典》第 1043 条规定的夫妻忠实义务的违反，很多人因此凭直觉认为：既然一方“出轨”，法院应该同意另一方的离婚请求。日常思维就是这样，人们经常只是抓住只言片语来理解法律。

男女双方自愿离婚则罢，如果一方要求离婚，而另一方不同意，离婚就没有那么容易了。《民法典》第 1079 条第 2 款规定：“人民法院审理离婚案件，应当进行调解；如果感情确已破裂，调解无效的，应当准予离婚。”一般来说，当一方起诉到法院要求离婚，法院首先会进行调解，第一次起诉，法院很可能认为夫妻感情不完全破裂，判决不离，这样就要等 6 个月之后再起诉。所谓夫妻感情破裂，并非你认为破裂就破裂，有法定的标准：(1)重婚或者与他人同居；(2)实施家庭暴力或者虐待、遗弃家庭成员；(3)有赌博、吸毒等恶习屡教不改；(4)因感情不和分居满 2 年；(5)其他导致夫妻感情破裂的情形。

或许你会认为，出轨就是“与他人同居”，法院应该会判决离婚。事实上，《民法典》规定的“有配偶者与他人同居”的情形，是指有配偶者与婚外异性，不以夫妻名义，持续、稳定地共同居住。什么是“持续、稳定地共同居住”？法律没有明确规定，但如果只有一两次同处一室的出轨行为，法院是不会认定构成“持续、稳定地共同居住”的。从证据角度来看，想证明“同居”关系难度很大，常常只能依靠证人证言，而这些本身是间接证据，知情人又常常有“多一事不如少一事”的心态，不愿意作证。

出轨，如果谈不上“与他人同居”，那称得上“其他导致夫妻感情破裂的情形”吗？对此，最高人民法院《关于人民法院审理离婚案件如何认定夫妻感情确已破裂的若干具体意见》规定的 14 种情形具体明确，在司法实务中经常被用来作为认定夫妻感情破裂的依据，不过，此规定已被废止。判断出轨是否属于夫妻感情破裂的情形，一般需要综合考虑双方婚姻基础、婚后感情、离婚原因、夫妻关系的现状和有无和好的可能等各种因素。

法律思维要求我们回到法律本身，而不能按照日常思维关于法律的碎片化印象进行推理。按照日常思维，很多人以为一旦出现出轨，无过错方就可以要求过错方承担离婚损害赔偿。事实上也并非如此，能构成离婚损害赔偿的只有《民法典》第 1091 条规定的五种过错情形：（1）重婚；（2）与他人同居；（3）实施家庭暴力；（4）虐待、遗弃家庭成员；（5）有其他重大过错。如果不能证明出轨属于上述情形，无过错方就无法要求过错方承担离婚损害赔偿。

仅仅出轨还够不上离婚损害赔偿，于是有人又想出一招，要求与对方签订忠诚协议，如有出轨，过错方需要放弃部分或者全部财产。目前各地法院对忠诚协议态度不一，有支持的，也有不受理的。一般来说，过错方如果举证是被迫签订的，或者涉及财产数额较大的，法院不会支持。

离婚和离婚损害赔偿是这样，生活中众多的法律现象也是这样。

法律就在身边，我们自以为懂一些法律，事实上，这些在日常生活中积累起来的法律常识往往是碎片、零散和孤立的，当你准备应用法律时，还得回到法律文本，完整地把握法律的具体规则。

当然，只是回到法律文本并不一定能完整地把握法律的具体规则，有时还需要注意避免死套某一个条文和具体规定，而要从法律部门整体来把握法律的理解和适用。《刑法》第193条规定的贷款诈骗罪，犯罪主体是达到刑事责任年龄、具有刑事责任能力的自然人，单位不能成为本罪的主体。据此，一些人认为单位实施贷款诈骗行为不能被定罪，因为法无明文规定。单位实施的贷款诈骗行为与直接对应的贷款诈骗罪的犯罪构成的确不相符合，但如果放眼整个《刑法》，就会发现单位实施的贷款诈骗行为往往以签订、履行虚假合同为手段，在多数情况下，其行为符合合同诈骗罪的犯罪构成要件，可以以合同诈骗罪治罪。2001年《全国法院审理金融犯罪案件工作座谈会纪要》也是按这样的思路来对此类行为定罪的，该纪要明确规定：对于单位十分明显地以非法占有为目的，利用签订、履行借款合同骗取银行贷款，符合合同诈骗罪构成要件的，应以合同诈骗罪定罪处罚。之后，2014年，全国人民代表大会常务委员会《关于〈中华人民共和国刑法〉第三十条的解释》又进一步规定：对于单位实施刑法规定的危害社会的行为，《刑法》分则和其他法律未规定追究单位的刑事责任的，对组织、策划、实施该危害社会行为的人依法追究刑事责任。据此，单位实施贷款诈骗的，也可以直接对组织、策划、实施贷款诈骗的人依法追究贷款诈骗罪的刑事责任。单位实施贷款诈骗的，如以合同诈骗罪定罪，需追究单位及相关责任人员的刑事责任，而以贷款诈骗罪定罪，仅对组织、策划、实施贷款诈骗的人判处刑罚，无须对单位判处刑罚，两种定罪的刑事责任结果不一。在当前司法判决中，两种类型的定罪都有。由于贷款诈骗罪与合同诈骗罪属于包容型法条竞合，一般应认定贷款诈骗罪，但如果以合同诈骗罪定罪处罚较重时，则应认定合同诈骗罪。判断某个危害行为是否属于《刑法》明文规定的犯罪，不能只注意其表面直接对应的条文，而要将该危害行为置于整个《刑法》系统中，寻找有无相符合的犯罪构成。

对法律规则的完整把握，不能只关注教科书描述的典型情形。例如，关于受贿罪，一般的教科书通常只描述典型的受贿犯罪模式，即行为人在收受他人财物的同时利用职务便利为他人谋取利益。现实生活中，一些人为了规避刑事查处的风险，刻意将履职谋利和收受财物分割在不同时间与空间、分割在不同主体身上；一些人原本坚决拒绝受贿，客观行为表现却似乎契合受贿罪的构成。这些行为如何认定呢？《刑法》规定的“受贿罪”可以理解为包含各种复杂的情形，一般人的理解只能对应到典型的情形，一般教科书的描述也只是局限于此。对法律规则的完整把握，要求我们不仅只关注典型，也要关注各种复杂的情形。就受贿罪而言，不仅要关注《刑法》条文，也要关注最高人民法院、最高人民检察院《关于办理贪污贿赂刑事案件适用法律若干问题的解释》等司法解释；不仅要关注教科书，也要关注教科书之外的各种权威解说。

对法律规则的完整把握，还要结合案例。案例是法律在生活中的真实体现，是“活”的法律，一些成功案例中包含的法律解释、法律推理对于理解法律有很大帮助。在司法实践中，虽然我国不承认判例的法律渊源地位，但是，法官在审判实践中常常参考《最高人民法院公报》以及各级法院公布的一些典型案例，这些案例是我们判断法官对法律理解的重要参考。

微课 46
贯通

在学校里读法律通常是分为不同科目来读的。事实上，一个法律问题可能涉及不同的法律部门。在学校里，一门课讲民法，另一门课讲刑法，但问题的分析有时却必须同时运用民法和刑法的理论。公司法在一门课中，有关公司诉讼的知识却在另一门课中，在现实生活中这两方面却是连在一起的。对法律的完整理解要求我们懂得“贯通”不同的法律部门。

《公司法》第10条规定：公司以其主要办事机构所在地为住所。仅仅学习这样一个条文在现实生活中意义不大，你必须要联系到其他法律和政策，将它们“贯通”在一起理解。

联系到税法和税收政策，公司能否享有税收优惠政策，住所就很重要。住所决定了公司所属的行政管辖区域，住所在某开发区，就有可能享受到该开发区的税收优惠政策。

联系到合同法，这涉及债务履行的问题。《民法典》第511条第3项规定，在合同约定的履行地点不明确且不能达成补充协议以及不能按照合同有关条款或者交易习惯确定的情况下，给付货币的，在接受货币一方所在地履行；交付不动产的，在不动产所在地履行；其他标的，在履行义务一方所在地履行。由此可见，公司住所在某些情况下与法律义务的履行地直接相关。

联系到诉讼法，住所涉及管辖和送达问题。

管辖关系到诉讼成本，甚至还可能影响诉讼输赢，而这与公司住所地密切相关。《民事诉讼法》第 22 条第 2 款规定："对法人或者其他组织提起的民事诉讼，由被告住所地人民法院管辖。"第 27 条规定："因公司设立、确认股东资格、分配利润、解散等纠纷提起的诉讼，由公司住所地人民法院管辖。"

公司作为诉讼当事人时，送达的目的地通常就是公司的住所地。《民事诉讼法》第 89 条规定：可以把诉讼文书留在受送达人的住所，并采用拍照、录像等方式记录送达过程，即视为送达。某公司为了避税，公司住所与实际办公地点分别处于不同行政区域，住所地没人驻守也没人负责邮件接收。法院将传票送达公司住所地却无人知晓，结果未能到庭参加诉讼被作出缺席判决。

公司住所与其主要办事机构的实际办公地点不一致的情况不少，但尚未引起充分重视，这不仅可能影响当事人诉讼权益，公司还可能因此遭受行政处罚。《市场主体登记管理条例》第 46 条规定："市场主体未依照本条例办理变更登记的，由登记机关责令改正；拒不改正的，处 1 万元以上 10 万元以下的罚款；情节严重的，吊销营业执照。"

"贯通"意味着要懂得综合运用不同的部门法、不同的法律法规。综合运用意味着要懂得串联不同的法律规定来理解一个法律条文，上述"公司住所的例子"就属于这种情况。在综合运用的过程中，还会发现另一种现象——法条竞合，即同一法律事实有不同法律条文对其进行规范。这种现象又可分为并存的法条竞合和择一的法条竞合。

并存的法条竞合，指一法律事实有不同法律条文都作了规定，法律后果也不一样，但不同法律条文可以同时适用，例如，《民法典》第 153 条规定，违反法律、行政法规的强制性规定的合同无效，这就不仅是合同无效问题，还要看其他法律部门的规定。违反哪些法律无效呢？有的触犯了行政法规，可能要受到行政处罚；有的触犯了刑法，可能要承担刑事责任。这些不同责任是可以并存的，要注意结合不同法律部门理解同一事实的法律后果。

择一的法条竞合，指不同法律条文在性质上不可并存，一个条文的适用应当排斥另一个条文。例如，当侵权责任与违约责任竞合，受害人只能主张其中一项请求权。再如，不同位阶法律之间、新法与旧法之间、特别法与普通法之间、国内法与国际法之间如果存在冲突，也需要择一适用，不过，这不是由受害人选择的，而是由法律规定如何选择的。这些现象都是我们综合理解法律所要注意的。

微课47
抢了18个锅贴与3串鸡肉串应判多少年？

日常经验关于法律的理解往往是碎片、零散和孤立的，这要求我们对导致一定法律效果发生的“法律构成要件”有完整的把握。不过，对法律的把握不仅要注意一项法律规则的具体构成，还要了解立法的精神和法律的价值。法律是通过历史上制定的规则调整未来发生的事实，因此，必须具有高度的概括性，能将纷繁复杂的社会关系涵括于有限的法律条文之中，以便适应各种不同的情况。这种高度的概括性导致法律规则不可避免地存在模糊性。因为法律规则的模糊性，所以对法律的适用实际上是一种解释法律的过程，不能机械地理解法律条文，在解释法律时应当考虑立法的精神和法律的价值。如王泽鉴所言：“法律思维是指依循法律逻辑，以价值取向的思考、合理的论证，解释适用法律。”

上海市浦东新区人民检察院检察官逄政所著的《主控官笔记——什么是法律问题的正确答案》一书中有这样一个案例：

周某从农村来上海打工，一天晚上，饥饿的周某携带水果刀来到一家理发店，挥刀问一个中年妇女有没有香烟，中年妇女说没有，他听到楼上有人下来就跑了。

他又来到一家馒头店，对女营业员说，“帮我盛点锅贴”，营业员讲要先付款持牌子才可以拿吃的，周某见营业员不肯给，就拿刀对她说，快点装，否则就要戳人了。营业员害怕了，就盛了18个锅贴装在塑料袋里，交给周某。

随后，周某又来到一个卖炸鸡肉串的摊头，问多少钱一串，老板说 5 毛钱一串，周某拿起两串就吃掉了，并让老板把盘子里的肉串都装好，老板让周某付钱，周某拿刀在老板面前一晃说，我没钱。

公安机关认定，当天晚上，周某实施了三次抢劫，属于《刑法》第 263 条第 4 项规定的“多次抢劫”。抢劫罪，是以非法占有为目的，对财物的所有人、保管人当场使用暴力、胁迫或其他方法，强行将公私财物抢走的行为。《刑法》对财物的价值没有具体数额的规定。按照《刑法》第 263 条第 4 项的规定，周某多次抢劫，依法应处 10 年以上有期徒刑。

公安机关认定周某构成抢劫罪，从抢劫罪法律条文的直接含义看，没有问题。但是，周某抢了锅贴、鸡肉串就要被判 10 年以上，却与法律本身的公平性有所冲突，一个因生活所迫、饥饿驱使抢拿食物的行为不应该与 10 年有期徒刑画等号。刑法的目的是“惩罚犯罪，保护人民”，周某固然涉嫌犯罪，但仍然是人民的一员，犯罪需要接受惩罚，但是如果惩罚过重就侵害了当事人本身的权益。

考虑到按照抢劫罪量刑的不公平性，检察院对此案的性质重新认定，以寻衅滋事罪提起公诉。18 个锅贴与 3 串鸡肉串，就一般社会评价而言，可以理解为“周某只是采用耍流氓的手段弄点吃的”，否则，被害人随身携带的或店内的钱款比 18 个锅贴与 3 串鸡肉串更加值得冒险。周某的行为表面上符合抢劫罪，但结合刑法本身的立法精神和法律价值理解，就行为的实质看，更像是一种强索硬要、无理取闹的扰乱社会公共秩序的行为，符合寻衅滋事的行为特征，应当以寻衅滋事罪定罪处罚。最后，法院以寻衅滋事罪判处周某有期徒刑 1 年，缓刑 1 年。

微课 48
合法的权利变成违法行为

权利意味着正当性，有理走遍天下，但有理并不意味着可以任意为之。权利的行使必须在法律允许的范围内，超出法律允许的范围，本是有理的事情就可能变成无理的行为，行使权利就可能变成违法行为。法律有权利有义务，权利意味着利益，义务意味着负担。日常思维的一个突出问题就是——常常只看到权利没看到义务，只看到权利本身的正当性，而没注意到权利行使必须在法律允许的范围内。从日常思维跨越到法律思维，一定要注意完整地理解法律，警惕合法的权利变成违法行为。

权利受到侵害时，维权天经地义，但要在法律允许的范围内。北京法院网于 2010 年 1 月 21 日曾经报道过这样一个案例：

2005 年 1 月到 2006 年 1 月，刘某代理销售某家具公司，双方口头约定该公司为刘某报销代理期间产生的广告费用。代理期满后，刘某没有拿到这笔报销费。多次催要无果后，刘某以传真、电话、短信的方式，谎称其同学在国家税务总局工作，以向税务总局举报该公司偷、漏税情况为要挟，向该公司索取人民币 50 万元及全木家具 1 套。家具公司为私下解决此事，给付刘某人民币 10 万元（内含广告费 2.8 万元）。刘某再次以上述理由向家具公司索要财物时，被公安机关抓获。检察院以刘某犯敲诈勒索罪诉至法院。刘某声称家具公司答应报销广告费用 50 万元，但双方就此并没有签订书面合同，他也只能提供 2.8 万元的广告费发票，结果其 50 万元的主张没得到检察院、法院的认可。法院经审理认为，刘某以非法占有为目的，以揭发他人违法行为为要挟，强索他人财物，数额巨大，其行为已构成敲诈勒索罪，判处有期徒刑 5 年。刘某想要报销代理期间产生的广告费用合情合理，但是，他没有注意到一个人有权利也有义务，必须在法律规定的范围内行使权利。

欠债还钱天经地义，在生活中，当债务人没有及时或没有能力清偿债务时，债权人经常认为自己有理在先，索要债务不注意方式方法。采取不合法的手段索要债务，除构成上述敲诈勒索罪外，还有可能构成非法拘禁罪，甚至故意伤害罪、故意杀人罪。《刑法》第 238 条第 3 款规定："为索取债务非法扣押、拘禁他人的，依照前两款的规定处罚。"第 238 条第 1 款规定了非法拘禁罪，第 2 款规定了故意伤害罪和故意杀人罪。催债有必要，但要注意保护自己，不要侮辱、诽谤、谩骂对方，不要发生肢体冲突、拘禁对方，要警惕对方"钓鱼"制造纠纷。

权利行使不注意方式方法，重者可能构成犯罪，轻者也可能构成侵权或者违约。

邱女士卖了一栋几百万元的别墅，对方交付定金后，未按期交付首付款，她就想当然地把已收的定金退给人家说不卖了。结果被对方告上法庭，要求支付双倍定金及一百多万元的违约金。

虽说对方的诉求有不合法之处，但是，邱女士之所以陷入被动，主要还是因为自己行使权利不注意方式方法。对方未按期交付首付款是不是可以不卖（解除合同），还得看合同约定，如果合同存在关于合同解除权的约定，那得按约定来。如果没有合同解除权的约定，那得按法定处理。《民法典》第 563 条第 1 款第 3 项规定，有下列情形之一的，当事人可以解除合同：当事人一方迟延履行主要债务，经催告后在合理期限内仍未履行。按照这一规定，邱女士可发告知函，要求买房人在一定时间内支付首付款，如届时未付，则合同解除。

本讲小结

法律适用的"体系化思维"

法哲学家施塔姆勒说："一旦有人适用一部法典的一个条文，他就是在适用整个法典。"[1]话虽夸张，确含真理。不懂法律，很可能被蒙骗，但是，只懂一点法律，同样有可能陷入法律应用的泥沼之中。法律是一个完整的体系，这要求我们懂得体系化的思维。

一个完整的法律规范应该包含构成要件和法律效果两个部分。微课 45 提到的无过错方的离婚损害赔偿请求权，根据《民法典》第 1091 条的规定，其构成要件包括：(1)重婚；(2)与他人同居；(3)实施家庭暴力；(4)虐待、遗弃家庭成员；(5)有其他重大过错。不过，严格讲，这样的分析是不完整的。这只是阐述了请求权的成立条件，在此之外，我们还必须检视请求权未消灭、请求权可行使的条件。从法条角度看，《民法典》第 1091 条只是主要规范，完整的法律适用还得考虑辅助规范和防御规范。这里包含了一套完整的教义学学问。对于没有机会经受法律职业历练而又需要运用法律思维的普通人而言，可能缺乏足够的时间系统深入掌握这一套学问，不过，可以稍微了解一下以便更好地与专业法律人配合。

并不是所有的法条都是规范性条文，也不是所有具有规范属性的条文都包含完整的构成要件和法律后果。体系化的思维还要求我们了解如何由法条构造法律规范。《民法典》第 1061 条仅规定："夫

〔1〕 参见[德]卡尔·恩吉施：《法律思维导论》，郑永流译，法律出版社 2004 年版，第 73 页。

妻有相互继承遗产的权利”，构成要件在这个条文中被缺省了。当我们运用这一条文时，就得懂得将缺省构成要件填补出来，推出其应该包括“夫妻一方先亡并留有遗产”这一构成要件。

从法律渊源看，要完整把握离婚损害赔偿请求权规范，不能仅仅关注《民法典》，还要关注司法解释、指导性案例、典型案例以及学理学说。学理学说虽不能约束法律适用，但可为其提供论理依据。

进一步考察法的体系，同一法律事实会有不同法律规范对其进行调整。微课 46 对此展开了简略的讨论。一个简单的公司住所地会联系到多种不同的法律部门，这种思维方式可以进一步拓展到其他领域。例如，重婚是离婚损害赔偿请求权的构成要件，同时，它也是重婚罪的构成要件。微课 46 通过法条竞合对此作了进一步讨论。法条竞合可区分为并存的法条竞合和择一的法条竞合，它们的处理方法各不相同。

法律是一个庞大的体系，但是，存有漏洞。法律漏洞是违反立法目的之不完全性，微课 47 讨论了这个问题。“抢了 18 个锅贴与 3 串鸡肉串”确定为抢劫罪，违反了立法目的，但是，它表面上又符合抢劫罪法律条文的直接含义。在这种情况下，检察院对抢劫罪法律条文进行目的性限缩解释，得出抢劫罪法律条文不适合调整本案的结论，从而以寻衅滋事罪提起公诉。

微课 48 讨论权利行使不当会构成违法行为，这是经常被人们忽略的完整理解法律的思考维度，法教义学一般也不对此展开讨论。但是，真实世界的法律思维不能忽略这个维度。权利行使不注意方式方法，轻者可能构成侵权或者违约，重者可能构成犯罪。在这里，特别要注意刑法相对于其他部门法有一项特殊力量——穿透性。一种行为从形式上看似乎合法，仅依靠其他部门法在证据上很难揭示其违法性，其实可以考虑它是不是已经触犯了刑法。例如，前些年的“套路贷”，因为有借条和银行转账存在，很难在证据上从民法角度揭示其违法性，但实质上，它已经构成了犯罪了，可以通过报案解决。

第十一讲　事实的法律陈述

法律思维就是这样，它必须在日常思维的基础上加上法律理论思维的高度。第五个法律理论思维可以概括为“事实的法律陈述”。法律的应用是“以事实为根据，以法律为准绳”的过程，这个过程实际上是一个事实与法律之间的双向思维过程，一方面要面向案件事实不断解释法律规范，另一方面要面向法律规范不断筛选和陈述案件事实。法律可以保护你的合法权益，但如果对事实缺少清晰的法律陈述，这样的目标很难实现。

假设你是一家机床公司的老板，按照某厂家订购要求将一批机床发给对方，对方却一直没给货款。欠债还钱天经地义，你可能认为对方当然要马上给货款，但是，当你准备通过法律维护权益时，只凭这样的事实描述想赢得官司让对方付货款几乎是不可能的。你必须对事实有更进一步的描述。描述到什么程度呢？并不是越详细越好。为了形成作为裁判基础的案件事实，需要先做选择。如何选择呢？这就需要你跳出日常思维以法律视角选择事实。

选择事实不仅是去掉那些没必要的事实，还要留意那些可能会被你忽略的事实。甲将乙手上的手机夺走，你以为这是抢夺，其实，这也可能是正当防卫。你只注意“抢”这个场景，却没注意到这个场景前后发生的其他事情。

法律思维意味着——事实在你眼里不是纯粹的事实，而是经过法律筛选的事实，是以主观设定的预适用的法律为参考系对事实进行的选择与陈述。这样的法律思维，对很多法律常识欠缺的普通人而言，是一件颇有难度的事情。逻格斯（检察官林健）在其著作《法律守夜人》中讲到了一个令人“忍俊不禁”的案例。

林检（问卖方）：“你是否在 2013 年 12 月 20 日收到 ×× 汇来的 5 万元？”

卖方深吸了一口气：“这个事情其实是这样的，当时啊……”

10 分钟过去之后，林检不耐烦地问：“那你究竟是否在 2013 年 12 月 20 日收到 ×× 汇来的 5 万元？”

卖方淡定地说：“这个事情啊，还得从头说起……”

又过了 10 分钟，林检崩溃了：“你到底收到没有？”

卖方：“这个事情没那么简单，我还是得继续说……”

当事人很想将事情的来龙去脉交代清楚，但并不是全部事实都是法律事实。由于法律知识和经验有限，一些当事人描述的事实常常巨细靡遗、杂乱无序、含混不清。

微课 49
有法律意义的事实

想通过法律解决纠纷，一个前提就是要懂得抓住有法律意义的事实，否则，很可能是瞎折腾，劳力又劳心。

在电影《秋菊打官司》中，因丈夫被村长打想讨个说法，秋菊对县公安局的行政处罚裁决不服，向市里申请行政复议又被驳回，打了一场行政诉讼还败诉，败诉后秋菊又向市中级法院提起了上诉。二审审理过程中，市中级法院的两名法官主动来到秋菊家调查取证。法官三言两语就直指法律事实的关键。

在对庆来（秋菊的丈夫）的伤情仔细检查后，法官和庆来有这么一段对话。

法官：你还觉得啥地方不好？

庆来：好利索了，就是一干重活，胸有点闷。

法官：还是去拍个片子！

庆来：算了，麻烦得很，过一阵子就好了。

法官：你拍个片子，在咱们法律上可以取得证据，如果肋骨骨折，根据法律规定，构成轻伤害罪，我们考虑要对当事人重新处理。希望你们还是积极配合，你们的案子咱们领导还是比较重视。

一个关键的事实——肋骨伤情，在之前的数次纠纷解决过程中，都没有被提及，不仅秋菊一家没注意到，来调解的李公安、代书的张老汉也没注意到。并不是全部事实都是法律事实，抓住没有法律意义的事实想在法律上讨说法，结果一个简单的案件折腾得没完没了。

如何对事实进行法律陈述呢？下面以“离婚”为例，谈谈哪些是有法律意义的事实。

与配偶关系不好，想离婚，就这么一个简单的诉求。法律上应该怎么表述案件事实呢？讲到离婚的伤心事，几天几夜都讲不完，法院不会听你没完没了地讲，你必须讲到点子上，撇开一些与法律无关的事实，只讲那些有法律意义的事实。

就离婚而言，什么才是有意义的法律事实呢？一个最简单的事实表述大概可以这样——“原、被告于某地 ×××× 年 ×× 月经他人介绍相识恋爱，×××× 年 ×× 月登记结婚，×××× 年 ×× 月生育一女 ×××。原、被告婚前、婚初感情较好，自 ×××× 年 ×× 月起，由于被告有婚外情，原、被告双方开始分居”。

两个人婚姻关系过程和离婚原因的原始事实有无数的细节，就离婚的诉求而言，一般来说，至少要从以下 6 个方面挖掘有法律意义的事实：

（1）婚姻基础，包括是否再婚以及婚姻关系的形成基础。婚姻关系的形成基础主要是明确如何恋爱，如“于 ×××× 年 ×× 月自行相识恋爱”或“于 ×××× 年 ×× 月经人介绍相识恋爱”。如果存在包办、买卖婚姻和其他违反婚姻自由等情形的，也要进行陈述，这具有重要的法律意义。

（2）婚姻经过，包括登记结婚时间、婚后感情、婚后是否共同生活等。如涉及婚前财产纠纷，订婚时间、举行结婚仪式的时间、婚前共同生活的时间也是重要的事实细节。

（3）子女情况，包括子女的年龄，子女的生育、收养关系。如果婚后分居的，要陈述抚养情况，如“××× 随原告 ××× 共同生活”。

（4）财产状况，包括夫妻的财产约定、夫妻共同财产、夫妻一方财产、夫妻债务情况。夫妻的财产有约定的，要明确约定的形式和内容。夫妻共同财产的名称、数量和金额，不动产的产权信息以及动产的所在地，都具有重要的法律意义，必须明确。有争议的共同财产，内容应具体展开，如“工资、奖金”“生产、经营的收益”“知识产权的收益”“继承或赠与所得的财产”，辨明来源情况才能确定财产的归属。要明确夫妻一方财产的名称、数量和金额。要注意查明具体来源到底属于哪种情况，例如“一方的婚前财产”“一方因身体受到伤害获得的医疗费、残疾人生活补助费等费用”“遗嘱或赠与合同中确定只归夫或妻一方的财产”“一方专用的生活用品”或“其他应当归一方的财产”。关于债务情况，要明确债的主体、客体和内容，如“被告 ××× 于 ×××× 年 ×× 月为购房向 ××× 借款 100 万元”。

（5）离婚原因。重点查清是否存在法定离婚情形，例如，“重婚或有配偶者与他人同居”“家庭暴力或虐待、遗弃家庭成员”“有赌博或吸毒等恶习屡教不改”“因感情不和分居满二年”“被告被宣告失踪”“军人一方有重大过错”“其他导致夫妻感情破裂的情形”。

（6）离婚损害赔偿或共同财产分割时的照顾情形。重婚、与他人同居、家暴、虐待有可能适用离婚损害赔偿，要注意查清是否存在这些情况。人民法院审理离婚案件，对夫妻共同财产的处理，可以照顾无过错方，所以，也要搞清楚对方是否有过错（如婚外情等）。

微课 50
合同纠纷有哪些关键的细节值得注意?

假设你是一家机床公司的老板，按照某厂家订购要求将一批机床发给对方，对方却一直没给货款，你想要回货款。这样一个诉求，法律上应该怎么表达案件事实呢?

每一个合同纠纷都有无数的细节，缺乏专业法律思维的人，常常会列出一些与法律无关的事实，而忽略了有法律意义的关键细节。在解决这个问题时，有专业法律思维与无专业法律思维会有明显区别。一个具有专业法律思维的人会从大量的原始事实中筛选出有法律意义的事实，会注意到诸多常人忽略的细节。正如一句俗话所讲：你问律师 1 个问题，他会问你 10 个问题。当事人叙述事实经常会有这样或那样的遗漏，以致案件事实会出现某些断节、缺环，律师如果没有在庭前通过向当事人提问将这些事实核实清楚，很可能会陷入被动甚至败诉。

在合同纠纷中，通常有哪些关键的细节值得我们注意呢?

(1)与合同成立生效相关的事实细节。你想要回货款，首先面临一个问题——如果对方说合同没生效，怎么办?这需要你查清以下事实细节：签订合同的主体，合同磋商的过程，合同签订的时间、地点，有没有签订书面合同，谁签字盖章，合同的内容。

(2)合同关系的具体内容。包括合同的标的、数量、质量、价款、履行的期限和违约责任等，重点看与争议有关的条款。就上述合同纠纷而言，这个合同的性质可能是买卖合同，也可能是承揽合同。

承揽合同的定作物是根据定作人的要求制作的，它必须是存在于合同履行之后；而买卖合同的标的物可以存在于买卖合同订立之前，或者虽存在于买卖合同履行后，但都是出卖人按自己的规格生产的，买受人只是选择规格。针对这个合同纠纷，就要注意搞清楚那些能决定该合同是买卖合同或者承揽合同的事实细节。此合同纠纷的另一个争议点是送货与交款问题，所以还应该弄清楚——合同有没有明确的交货期限、付款期限？有没有约定违约金条款？

（3）合同履行情况。重点了解合同履行的争议。就上述合同纠纷而言，送了多少货，有没有书面记录，有没有对方签字确认？签字人是谁，与对方有什么关系？货物的价格是怎么确定的，有没有经过双方认可的结算清单，例如对账单？双方有没有对账记录或者往来的电子邮件、传真、短信、微信等信息？对方没付款，但有没有打过欠条，有没有还款计划或还款承诺书，你有没有给对方开过发票？

（4）合同纠纷产生的原因、经过和后果。到底是什么原因导致对方不付款？是对货物质量有意见，还是其本身陷入资金困难？

（5）担保情况。有没有担保，担保种类、担保人、担保物、担保期限等情况。

（6）与起诉相关的细节。对方当事人为自然人的，重点查其身份证明资料，如身份证或户口簿、暂住证等；对方当事人为法人或其他经济组织的，重点查其主体登记资料，如营业执照副本、登记机关出具的注册资料等。有没有约定管辖法院或仲裁机构？如果没有，确定对方当事人的住所地或者合同履行地就很重要。

对方欠货款，你想要回，在道理上似乎很清楚，但是，如果没有抓住上述相关细节，贸然打官司，还是有可能败诉或者被迫撤诉的。

2017年8月10日，蚌埠市禹会区人民法院受理了一起买卖合同纠纷案件。原告以本公司制作的交易往来表作为买卖合同成立、所欠货款的证据要求被告支付货款39万余元。该对账单上仅有“对账正确。孔某某”。诉讼中，被告未出庭。原告无法提交确立原、被告之间买卖合同成立的买卖合同、收发货单、货款交付凭证等证据，亦无法证明孔某某与被告公司有任何关联。经法院释明证据不足，原告遂主动撤回起诉，表示再次收集证据起诉。（中国法院网2017年9月30日报道）

这两节微课，我们讨论了离婚和合同纠纷案件事实的法律陈述。生活中的法律纠纷各种各样，如何掌握各类案件事实的法律陈述技巧呢？一是要有扎实的法律知识储备，还有一个便捷的办法就是研究判决书。判决书中“法院查明（确认）的事实”这一部分，就是很有代表性的案件事实的法律陈述，看多了就可以掌握各类案件事实的法律陈述技巧。

微课51
没有证据，神仙也难助

当你准备用法律维权时，除了要懂得以法律视角筛选和陈述事实外，还得有证据意识，没有证据支持自己的事实主张，神仙也难助。未雨绸缪，尽可能留存好证据或者证据线索，是真实世界法律思维的一个关键点。

生活消费中权益受损人人有之，虽然有法律保护，但当拿起法律武器与商家"理论"时，很多人往往处于劣势，其中一个主要原因就是缺乏证据。首先得有证据证明自己与经营者之间存在消费关系，例如商品的购货发票、接受服务的票据、付款凭证、商品实物或照片等，如果还有书面合同，那就更好了。其次得有损害事实存在的证据，例如经营者宣传材料、有质量问题的商品实物、能够证明遭受损失情况的材料等。

购物票据是很重要的证据，但是有的购物票据是打在热敏纸上，保存时间有限，如果是这种票据，那还要拍照留存，即使以后照片证据不被认可，也是重要的证据线索。有的商家根本没有票据，或者你忘记索要票据，当你发现商品有问题时，可以去找商家沟通，很多商家第一时间不一定会否认你的消费事实，为了避免日后商家变卦不承认存在消费关系，你可以录音以备后患。购物票据内容也要留意，一般来说，内容应当包括经营者及客户的真实名称、购买商品的时间、商品规格及数量、单价，以及经营者的公章、经手人的签字或盖章等内容。缺乏关键信息的票据，你是可以拒收的。

宋女士，2012 年 4~12 月，在 A 市甲美容中心花费 32 万元先后注射了一系列美容针，随后宋女士不适，就医诊断为激素依赖性皮炎。经调查，甲美容中心并不具备医疗美容资质，宋女士认为身体不适是注射美容针所致，要求美容院双倍赔偿美容款 64 万元。但宋女士提供的证据——注射美容针消费记录及刷卡单，显示的企业名称分别是乙完美国际美容机构、丙纤体美容中心、丁美容院，还有部分款项汇入私人银行账户。由于担心证据不足，宋女士接受了甲美容中心提出的调解方案。结果令宋女士很不满意，但这与其没认真审核消费凭证的内容有很大关系，如果当时及时提出，就能留下比较扎实的证据了。

民事诉讼通常是“谁主张，谁举证”，你的证据意识决定着你的权利能否得到保护。在刑事诉讼中，侦查权集中在侦查机关，普通人不能讯问犯罪嫌疑人，更不能扣押涉案财产，侦查机关、公诉机关会帮你收集证据，但你的证据意识同样重要。

以盗窃罪为例，你作为受害人一旦发现被盗，一定要第一时间保护现场不被破坏，然后及时向公安局报案。在盗窃案件中，行为人出于隐瞒犯罪事实、规避处罚的目的，在供述盗窃事实时会拒不承认或者少报盗窃财物。如果你没有扎实的证据，可能就会让盗窃人逃脱应得的法律制裁。现金被盗，如果有银行取款凭证，就能在一定程度上证明被盗金额；贵重物品被盗，如果有相应的购买凭证，就可以为认定被盗财物数额提供重要依据。机动车的发票、行驶证等最好不要放在车里，一旦追不回来，难以证实车辆的购买时间和购买金额，不利于价格鉴定。如果你买了盗抢险，在车辆被盗抢的情况下，被保险人丢失行驶证、购车原始发票、车辆购置附加费凭证，每一项增加 0.5% 的绝对免赔，丢失车钥匙增加 5% 的绝对免赔，这会增加你的财产损失。

证据不能仅停留在事后收集，你还可以在事情发生过程中有意识制造一些可以证明事情经过的可靠证据。没有签订书面劳动合同想证明劳动关系，你经常在用人单位叫外卖，外卖订单就是证明劳动关系的一个重要证据；你在淘宝上购物寄到用人单位，相关的快递单也是证据；你报销差旅费的单据上如果有单位法定代表人的签字，你拍照留下来也可作为证据。在路上出现意外，比如被抢劫，如果能急中生智发现摄像头，及时跑到摄像头下也可保留证据，现在公共场所摄像头很多，碰到的概率还是有的。

证据意识不仅体现在证据的收集和制造上，还体现在你对举证责任规则的把握上。法谚有云：举证之所在，败诉之所在。由何人承担举证责任，关系到当事人胜诉还是败诉。对举证责任规则的把握，是法律理论思维的重要一环，但是，且不说法律门外汉，就是一些有一定法律基础的专业人士也没有很好地掌握该规则。中国政法大学教授隋彭生在《律师民法业务思维》一书中谈到这样一个现象："法官可能在举证责任的分配上犯错误。比如，甲起诉乙不履行合同，有时法院会认定原告证据不足，其实，甲起诉乙不作为，应当由被告乙承担举证责任。"

民事诉讼最典型的举证责任规则是"谁主张，谁举证"。这句话几乎所有接触过法律的人都知道，但很多人并没有真正理解其内涵，简单将此认为是——既然原告主张，原告就要承担所有举证责任。事实上，所谓的"谁主张，谁举证"，是指主张权利的存在、权利的消灭和权利的障碍一方来举证。甲起诉乙不履行合同，甲要对合同关系成立并生效承担举证责任，而对合同是否履行发生争议的，则由负有履行义务的当事人（乙）承担举证责任。这一规则不掌握，在生活中，还是很容易吃亏的。

你向张三借钱10万元，现在张三持借条向法院起诉要求你还这10万元，你说这10万元已经以现金形式还给张三了，张三不承认。谁承担“还钱”的举证责任呢？是你。你主张对方权利消灭，你是负有履行义务的当事人，所以你要承担举证责任。如果你还了钱却没有证据证明，有可能你就要败诉了。切记：还钱最好用转账的方式，或者要求对方当场写一张收条并签字按手印。反过来，如果不必承担举证责任，你就要避免主动承担举证任务。例如，对方违约，你起诉到法院请求按合同约定支付违约金，对方说违约金过高，这时你要注意证明违约金过高的责任在对方而不在你，在对方没有证据证明违约金过高之前，你大可不必主动证明违约金没有过高，只有当对方举证时，你才有必要进行反驳或者反证。

证据意识还体现在对证据链的把握上。所谓证据链，就是证据已经形成了完整的链条，环环相扣，从而说服法官相信这就是唯一的事实。对证据而言，最重要的规则是：“不能被有效证明的事实等于不存在。”刑事案件的定案，必须形成一个完整的证据链，并且要排除合理怀疑。民事案件不像刑事案件必须达到排除合理怀疑，但也需要达到高度盖然性，即证据能基本倾向于证明案件事实。作为民事诉讼的当事人，同样要追求形成证据链，以便达到高度盖然性的证明标准。不过，在现实生活中，有些人缺乏这样的意识，只注意收集证据，没注意到是否形成了完整的链条。以借条和收条为例。以借条主张借贷关系的存在，有些人只是努力证明借条的真实性，事实上这还无法形成证据链，还得证明确实给了钱。如果以欠条主张对方取得货物没付钱，除了证明欠条是真实的，还要证明确实给对方发了货，这样才能形成证据链。

微课52
小偷的供述没有那么“神奇”，但也很重要

这是一个网络上广为传播的段子。

在一起盗窃罪中，小偷在接受审讯时：

①如果他回答他是入室盗窃，根据盗窃数额，他将被判4～10年。

②如果他回答他是强奸女主人，强奸未遂，则判1～3年。

③但是如果他说他是去强奸男主人，则被判为未构成刑事犯罪，无罪释放！

最终的结果是小偷并没有接受过良好教育，如实回答他是入室盗窃。

在生活中，这个段子现实发生的概率并不大。小偷说他是去强奸男主人，不一定无罪释放，也可能构成强制猥亵罪，或者未经允许侵入他人住宅罪。更重要的是——定罪量刑是主客观相统一的，不可能单凭犯罪嫌疑人口供，公安、检察机关必定会反复核实客观证据。犯罪嫌疑人通常没有时间清理作案现场，现场肯定会留下很多客观证据痕迹。如果侦查机关有足够的客观证据，而犯罪嫌疑人、被告人随意地不认罪或翻供，反而有可能加重其量刑。另外，口供与警察掌握的证据之间的矛盾也是侦查的一个突破口。在电影《白日焰火》中，吴志贞把骨灰埋在树底下，却说丢到河里，反而被锁定

为凶手，因为如果不是凶手，没有必要撒谎。当你撒了一个谎之后，你就需要继续用一个又一个的谎来圆之前的一个谎，有经验的侦查员很容易从中发现破绽。

不过，这段子还是很有启发性的。如果公安机关的其他证据不足，那么小偷的口供就很重要了。虽然一个人的定罪除了口供外还需要其他证据，但就刑事侦查的现状而言，口供仍然是公安机关确定犯罪嫌疑人罪证的重要依据。

1950年，美国数学家阿尔伯特·塔克为了向一群心理学家们解释博弈论，编了一个叫"囚徒困境"的故事：两个共谋犯罪的人被关入监狱，不能互相沟通情况。如果两个人都不揭发对方，则由于证据不确定，每个人都坐牢1年；若一人揭发，而另一人沉默，则揭发者因为立功而立即获释，沉默者因不合作而入狱10年；若互相揭发，则因证据确实，二者都判刑8年。这虽然是一个夸张的假设性故事，但也从侧面反映了供述不仅是确定事实的重要证据，它还会因为与"自首""立功"等量刑情节叠加起来显得更为重要。

很多刑事冤案发生的背后大多有当事人自己的不准确口供这一因素，有的是因为刑讯逼供，有的则是因为嫌疑人自己表达不清楚，嫌疑人根本没有犯罪，但是，描述出来的情节却和犯罪构成相吻合。

无辜的人为什么作出对自己不利的虚假自白？日本心理学者浜田寿美男采访四个冤案的受害人后写了一本小册子《自白的心理学》。书中写道：审讯的压力以使真犯自白，同时也能使无辜的人自白。无辜的人在被审讯的过程中体验着各种各样的压力，这些压力远远超过我们的想象。另外，正因为他们的无辜，所以对将来可能受到的刑罚不具现实感。在眼前的痛苦与将来的悲剧之间，他们屈于审讯压力承认自己作案。

用语言描述事实有时会出现扭曲，因为心理压力大而在一次讯问中承认了“犯罪事实”，事后又否认，让公安机关怎么认定呢？公安机关没有看到事情经过，而人们大多有逃避法律惩罚的潜在意图，采用承认有罪的笔录作为证据也是符合常理的。

琼本内特，美国著名童星，1996 年，在美国儿童选美大赛中脱颖而出，当选“美国小小姐”，还荣获“科罗拉多小小姐”等多项美誉。同年 12 月 26 日在家中遇害，年仅 6 岁。琼本内特的父亲约翰·拉姆齐在地下室发现了孩子的尸体，她躺在冰冷的水泥地上，嘴被人用宽胶带封着，一条白色尼龙绳和一支断裂的艺术画笔缠在她的喉咙上，右手腕上也绑着绳索，现场惨不忍睹。法医的尸检报告判定，琼本内特是因为头部遭到致命一击死亡的，死前曾受到殴打和折磨，很可能还受到性攻击。此案震惊全美，美国人对小美女遇害十分震惊，纷纷要求警方早日抓到凶手。

2006 年 8 月 17 日，美国警方宣布一名犯罪嫌疑人在泰国被捕。这名犯罪嫌疑人名叫约翰·马克·卡尔，41 岁。被捕时，他正在泰国的一所小学里教书。卡尔承认琼本内特死时和他在一起。2006 年 10 月 5 日，涉嫌杀害 6 岁琼本内特的犯罪嫌疑人约翰·马克·卡尔被加利福尼亚州法庭宣布无罪释放，理由是控方出示的证据不足。

在卷入杀人案前，卡尔有一个美满家庭，但由于涉嫌杀人，他的教师资格被吊销，1 年后妻子也与他离婚。对于卡尔的无罪释放，很多美国民众认为，当时他所说“在琼本内特遇害时和她在一起”的话，很可能是戏言。如果是戏言，卡尔真的是“祸从口出”。

我们的供述（陈述）有重要的法律意义，切不可随意。当然，这里并不是说要像小偷一样去编造自己的主观意图。虚假陈述、作伪证，也是需要承担相应责任的。我们需要得到的启发是：供述（陈述）很重要，在自己记不清楚（或者理不清楚）的情况下一定要谨慎回答，毕竟说过的供述（陈述）要再改是很难的。刑事案件如此，民事案件也是如此。

曾有这样一个案例：原告张某以借条为依据将被告李某诉至法院，内容为："借到张某现金陆拾万元整。李某。2012 年 1 月 20 日。"法院开庭，李某缺席，张某表示这 60 万元是自己现金给付的。60 万元竟然用现金给付，结果法院直接否定张某的诉讼请求。事实上，这里面有复杂的关系，张某只给了李某 10 万元现金，其他的款项是通过债权让与和第三人支付来实现的。李某着急用钱，张某又不想给那么多钱，就让王某将欠他的 20 万元直接给李某，陈某欠他的 25 万元货款给李某，又让刘某帮忙代支付 5 万元给李某。王某、陈某、刘某之后将钱交给李某，不过，钱都是李某的老婆收的。这些都是电话联络，关系又很复杂，一时难以理清楚，所以张某在法院一口咬定是现金给付的，结果法院不认可，直接否定了借条的效力。这样的结果，能怪谁呢？只能怪张某自己的不当陈述。

微课53
事情没有你想得那么糟

事实的法律陈述要有扎实的法律知识储备。为了保留和收集证据，常常需要与对方当事人斗智斗勇。有时我们不能很好地对案件事实作适当的法律陈述，很多情况下虽竭尽全力却拿不到完美的证据，很多人因此陷入担心与害怕之中。事实上，事情并没有你想得那么糟。法律的目标是美好的，诉讼制度设计的本意就是要让那些本应胜诉的人获得胜诉的结局，只是因为人类理性不足和资源的短缺，不得不让你在信息不完备的条件下博弈，不得不需要你在诉讼中主动作为，以致你可能因为不熟悉法律和某些诉讼技巧而败诉。如果你本应胜诉，法律制度的设计还是对你有利的。

当你对事实表述不清时，法官会站在公正立场上为当事人指明交流方向，其中一个重要制度就是法官释明权。释明权是指为了救济当事人因辩论能力的不足或缺陷，法院通过向当事人发问的方式以澄清当事人所主张的某些事实，引导和协助当事人就案件事实和相关的证据问题进行充分的辩论。法官行使释明权必须限于一个适当的范围，否则，会变成法官对一方当事人的援助。你不应该寄希望于法官为你陈述事实，不过，因为法律素养不足而导致的某些技术性问题，法官还是会为你提供协助的。

离婚了，要求将对方名下的存款作为夫妻共同财产分割，但却不知道对方名下的存款有多少，怎么办？这时你可以要求法院调查取证，《民事诉讼法》第67条第2款规定："当事人及其诉讼代理人因客观原因不能自行收集的证据，或者人民法院认为审理案件需要的证据，人民法院应当调查收集。”如果你懂得主动运用这一规定，事情就不会那么糟。不过，要注意，不能只申请法院查对方账户余额，而要向法院申请“往前查”，例如，查询对方账户过去 1 年的款项收支记录，否则对方提前转移了财产，你就不知道了。一旦发现诉讼之前对方有大额金钱无理由划出，就可以控诉对方转移财产，要求对方少分或者不分当前确定的共同财产。

用人单位工资发不出来，财务部写了欠条，老板就是不签字。老板签字当然好，不签字，这张欠条也是很有力的证据，因为证明足额发放工资的举证责任由用人单位承担。举证责任倒置是一个重要的证据技巧，如果能正确运用，事情就不会那么糟。

与医院发生医患纠纷，拿不到医院保管的病历卡，这时你可以运用“推定规则”。最高人民法院《关于民事诉讼证据的若干规定》第 95 条规定：“一方当事人控制证据无正当理由拒不提交，对待证事实负有举证责任的当事人主张该证据的内容不利于控制人的，人民法院可以认定该主张成立。”医院无正当理由不提供其保管的病历卡，法院可能就会采纳你提出的医院在医疗事件中存在过错的主张。再如，对是否存在亲子关系有争议，也可以运用“推定规则”。夫妻一方起诉请求确认亲子关系不存在，并已提供必要证据予以证明，另一方没有相反证据又拒绝做亲子鉴定的，法院可以推定请求确认亲子关系不存在一方的主张成立。

还有一个重要的武器——有些事实是不用举证的。例如，“根据已知的事实和日常生活经验法则推定出的另一事实”。陕西省曾经发生一起案件，医生误将手术钳留在病人肚子里，病人长年腹痛，到医院做 B 超检查发现有一个手术钳在里面。在这种情况下，病人想起诉医院，就不用再另外举证证明医院的过错了，手术钳在肚子里，就是显而易见的过错，是根据日常生活经验法则可以推定的事实。

对方当事人会攻击你的证据，会颠倒黑白，但是，事情并没有你想得那么糟，因为法官对待证事实的确信并不一定会被对方当事人左右。法官应当将其对案件待证事实所作的判断结论以及作出结论的理由予以公开。这种公开会迫使法官站在公正立场上形成对待证事实的确信。确信必须建立在客观基础上，不是法官随心所欲决定的。博登海默说："审判并不是一种毫无拘束的司法意志行为，而是一种要把判决基于那些被认为是审判活动的合法工具的正式和非正式渊源材料之上的有意识的努力。"确信必须接受证据规则的约束，要经得起经验法则和逻辑法则的检验，以及满足证明标准的要求。尽管法律素养与取证能力的缺陷会影响你发挥法律应用的水平，不过，总体上看，法官的裁决是公正的。

本讲小结

事实的选择、论证与故事

法律理论思维的第五个维度是“事实的法律陈述”。法律适用一方面要依据事实寻找法律，以及为处理事实而体系化解释法律；另一方面还要依据法律将事实陈述为法律可以判断的事实，以便获得相应的法律结论。在法律研习中，事实的法律陈述常常不受重视，法律人关心如何调查证据、发现真相，以及如何寻找、选择、确定可适用的法律，他们以为经过这两个阶段，法律判断自然而然可以得出。

事实上，真实世界是一张网，而人类思维是一条线，如果不以主观设定的预适用的法律为参考系对事实进行选择与陈述，法律的涵摄判断是无法作出的。事实的法律陈述不仅决定了我们能否有效地作出法律适用判断，而且，不同类型的陈述会导致不同的法律结论。尽管事实的法律陈述已经很大程度上由之前的证据调查以及法律发现所决定，但是，陈述仍然是一项独立的工作，它会影响法律适用的结论。

法官审判案件的依据是事实，事实之所以推导出法律结论，是因为它能涵摄在法律规则的构成要件之下。你客观经历过的事件只有被建构成司法语境所要求的故事文本，法官才可能作出判断。如果我们陈述的事实无法满足主观设定的预适用的法律的构成要件之要求，那么，法官就无法作出法律判断，我们的合法权益也就无法得到保护。

事实的法律陈述第一个要求是必须围绕法律规范之构成要件展开。由于构成要件的分析涉及复杂法教义学的学问，初学者可以通过判决书逆推一个具体案件所要把握的事实陈述的关键要求与细节，微课49、微课50对此有详细的讨论。

事实的法律陈述第二个要求是基于证据通过推理构建案件事实。微课51、微课52、微课53对此进行了讨论，主要侧重于证据本身的细节。从实务角度看，在案件审理过程中，第二个要求还体现为关于事实的各种叙事文本之间的抗衡。各方当事人都会通过证据链来说服法官相信自己的叙事文本。一般认为，这是一个论证的过程，但论证模型也有其自身的弱点，它往往无法看到案件的整体概况，这就需要通过故事来补充。

事实的法律陈述第三个要求是故事的建构。在实践中，能否说服法官还往往取决于能不能构建出一个有前因后果的完整故事。一个证据、一个案件情节，在不同的故事背景下，在听众那里会产生不同判断。因此，事实的法律陈述还体现为讲故事的能力，需要学习一些修辞技巧。

一般而言，公道自在人心。但是，如果陈述的事实无法满足人们对案件真相的要求，无法满足司法对于"事实"的要求，一个客观事实对自己有利的官司也是有可能败诉的。很多高水平的法官能够从当事人巨细靡遗、杂乱无序、含混不清的表述中建构出符合法律要求的事实。但是，这样做对法官本人来说是危险的，他可能被怀疑背离了中立要求。事实的法律陈述对很多法律常识欠缺的普通人而言，是一件颇有难度的事情，但必须做好。放在面包店的蛋糕和放在结婚典礼的蛋糕代表不同的意义。如果陈述事实时，只讲蛋糕，没讲结婚典礼的蛋糕，对于听众而言可能代表不同的事实。

第十二讲 程　序

法律思维就是这样，它必须在日常思维的基础上加上法律理论思维的高度。第六个法律理论思维可以概括为程序。打官司不像办企业那么复杂，但也是复杂的系统工程，涉及大量的具体事务：有最简单的复印打字、交通出行等日常事务，也有收集证据、立案开庭等专业事务。法律通过程序才能实现其目的，程序包括复杂多样的环节。这些环节稍纵即逝，证据不等你，对手不等你，法院也不等你。你必须一个环节一个环节扎扎实实地推进，一个环节出错，有时就无法补救了。程序是一个有强制力的时间流程，既不能拖延，也不能随意跳过去。用不扎实的证据向法院起诉，结果被对手攻击得遍体鳞伤，等醒悟过来，取证的最好时机已过，再无法取证，这不像在书本里推演法律，可以推倒重来。

程序思维是日常思维常常顾及不到的法律理论思维，仅凭书本理论无法真正掌握程序思维。因为程序具有复杂性，对于非法律从业者而言，法律常常是令人困惑的。在课堂上，在书本里，大多数法学师生都能熟练运用法律，但是，一旦到了现实生活的法律运用，就完全不一样，大多数学生甚至教师都无法独立办理案件，一个重要的原因就是不熟悉兼具理论高度和真实世界维度的法律程序，不熟悉法律应用的具体事务和实战技巧。从这个意义来讲，本讲也可视为全书的总结，我们既希望洞察为日常思维所忽略的法律程序，也希望结合真实世界的维度讨论法律程序实际应用过程中的实战技巧。

微课 54
法律程序最核心的要义是什么？

法律不仅是实体权利义务的规则安排，也是一种程序制度。法律程序最核心的要义是什么呢？这可以从稀缺资源的争夺讲起。

电影《非诚勿扰》，葛优饰演的海归秦奋一开头讲了一句颇有哲理的话："世界上之所以战火不断，冲突加剧，根源就是分歧得不到公正的裁决。"他说，我们小时候都玩过的一种游戏"锤子剪子布"就是一种解决分歧最原始、最有效的方法。与"锤子剪子布"类似的解决办法还有抽签、摇号等，这些实际上是一种通过随机分配解决资源争夺的办法。人作为有尊严的动物，怎么能把命运都交给随机性呢？所以，这些办法只在小范围内应用。被社会广泛应用的解决资源争夺的办法，主要有以下三种：

第一，道德角度。中国历史上孔融让梨的故事更像是从道德角度解决资源争夺的例子。孔融，东汉末年文学家，"建安七子"之一，孔子的二十世孙。孔融小时候，父亲的朋友带了一盘梨子，给孔融和兄弟们吃。父亲吩咐孔融分梨，孔融挑了一个最小的梨，其余按照长幼顺序分给兄弟。孔融说："我年纪小，应该吃小梨，大梨该给哥哥们。"父亲听后十分惊喜，又问："那弟弟比你小啊？"孔融说："因为弟弟比我小，所以我也应该让着他。"孔融让梨的故事，很快传遍了汉朝。小孔融也成了许多父母教育子女的好榜样，成为中国千百年来流传的一个道德教育故事。

第二，管理角度。西方哲学史上也广泛流传着一个分蛋糕的故事。两人分一块蛋糕，只能用刀来切，没有任何的尺子、天平等测量工具来保证一刀下去蛋糕能公平地被分成两份。也就是说，两人都有可能在这次利益的分配中吃亏或者占到便宜，这次分割，将注定是难以达到实质公平的。那么，怎样做才能让两人心服口服呢？一个好的选择是：一人切，另一人先拿。切蛋糕的人知道选择的人会挑两半中最好的一半，所以他会尽可能均匀地切割蛋糕。这种方法在实际生活中有广泛的应用，例如，为了公平分配家务，可以一个人将家务分成两份，另一个人选择自己的那一份。分蛋糕故事虽然也备受法学界重视，不过，在我看来，这更像是从管理角度解决资源争夺的故事。

第三，法律角度。从法律角度来看，如何解决资源争夺的问题呢？这大概可以用正义女神的故事来概括。在欧美许多国家的最高法院建筑中以及在一些公共广场上，常常矗立这样一座雕像：一位成熟女性，表情沉静而刚毅，身着白袍，头戴金冠，右手执一把长剑，左手持一个天平。与希腊罗马神话中其他女神的不同之处在于，这位女神的眼睛是用布蒙上的。正义女神为什么要蒙上眼睛呢？就是要保证正义女神的中立性，对所有人一视同仁，不论男女老少、贵贱尊卑、智愚贫富和人种肤色。可见，法律解决资源争夺最有代表性的程序方法就是由中立机构（法院）来解决纠纷，其核心原则就是“任何人都不得当自己的法官”。

“正义女神”所代表的程序，大体可称为“正当法律程序”。在法律程序思维中，正当法律程序是最值得注意的准则之一。一个不懂“正当法律程序”的人很难称得上具备健全的法律程序思维。

正当法律程序发端于英国，一开始只具有程序性的含义。美国宪法在继承这一原则的同时赋予其实质性的含义，其他国家虽未必采用“正当法律程序”这一术语，但是，大多数国家或多或少存在类似正当法律程序的制度。法治意味着：第一，法律得到了良好的遵守；第二，法律是良好的法律。正当法律程序原本的程序性含义与法治概念的第一层含义对应，而实质性正当程序的含义与法治的第二层含义对应。法治包含复杂的因素，法治思维有太多的考虑，如果要谈其中的“核心”，正当法律程序就是最核心的一个维度。法律是好东西，但是法律也可能成为侵犯自由的工具。程序性正当程序能在较大程度上有效防止法律在执行过程中侵犯自由，实质性正当程序则能在较大程度上避免立法本身侵犯自由。

那么，什么是程序性正当程序？什么是实质性正当程序？一个堕胎手术案例可以帮助我们理解实质性正当程序与程序性正当程序的区别。

在美国，假设某州法规定医生一年内最多可实施十例堕胎手术，违反者将被吊销行医执照。该州一名医生在一年内实施了超过规定次数的手术，面临执照被吊销的危险。此时，该医生首先可寻求实质性正当程序的保护，主张该州法因干涉其职业自由或者干涉了病人的堕胎自由权而无效。若诉求获得法院支持，则该州法将被废止。若该实质性诉求未获法院支持，他可寻求程序性正当程序之保护，主张该州在适用此项法律时并未采取公平的程序，即合理告知并给予听证的机会。如果法院支持其理由，则该州不能在未履行告知听证的义务下吊销其执照。［转引自马玉丽《美国宪法的正当法律程序研究》（博士学位论文）］

所谓程序性正当程序，其核心取自英国的自然正义原则，即“任何人不得在涉及自己的案件中担任法官”,“任何人在遭受不利影响前都要被听取意见”。之后,正当法律程序在实践中发展得越来越完善,远远超越了这两项规则,包括适当通知当事人、法官中立不偏私、让当事人充分地陈述意见、提交证据予以举证、在法庭上充分地对质与辩驳、根据双方提供的证据相互质证、获得律师帮助、对不利证据予以披露、在听证的基础上予以裁断、知悉裁决的依据和理由等。程序性正当程序早期主要适用于刑事处罚有关的事项,后来逐渐发展为各项诉讼制度,现在已广泛适用于各类行政行为和立法行为,甚至一定程度上适用于政治行为和社会公共组织的行为,例如立法机关、行政机关以及一些社团组织规定的听证程序。

正当程序条款一开始只停留在程序内容上,即合法权益受到判决影响的任何当事人,都享有被告知控诉的性质与理由、陈述意见并获得听审的权利。在 19 世纪后期,美国联邦最高法院逐渐将正当法律程序创造性地扩大到实质性正当程序。实质性正当程序是指法律必须符合公平正义的要求,即立法对公民的生命、自由和财产的规范必须要有充分、正当且令人信服的理由,而且对所有拥有此权利的人一视同仁。一项法律,即使其已按照法定程序在立法部门通过,如果不符合公平正义的标准,法院可以以正当法律程序条款予以审查,并宣布其违宪。实质性正当程序判断标准的核心就是法律或者政府行为的目的正当与否,具体而言,要推翻一项法律或政府行为需要具备三个条件:(1)存在剥夺行为;(2)剥夺的是生命、自由、财产权利;(3)剥夺行为不具有足够的正当性。争议的焦点在于如何判断是否具备正当性。美国联邦最高法院在运用实质性正当程序的实践中创造性地发展出了宽严不同的检验标准——宽松审查标准和严格审查标准。宽松审查标准主要被用于对涉及公民财产权或者经济权利的法律是否符合实质性正当程序的检验，该审查标准的基调是尊重立法，如果一项法律具有一个正当的目标，只要该目标与立法存在一定程度的联系，该法都会得到支持，不再考虑其采用的手段是否是以最小的代价做出的。严格审查标准主要被用于公民的基本权利与自由，除非有证据表明一项法律是以代价最小之方式实现紧迫而重要的，否则法院通常将推翻该法律。这些基本权利包括《权利法案》列举的言论自由、信仰自由、选举权、和平集会自由、政治性结社等各项自由，除此之外，还包括《权利法案》未列举的，如结婚、生育、节育、保持身体完整、堕胎、教育和抚养孩子的自由等。实质性正当程序的一项重要功能是作为发现宪法未列举权利的直接依据。

微课 55
讨薪从书本到真实世界还有多少道坎?

我给你拼命打工,你付我薪资酬劳,合情合理,天经地义。但是有的老板却不是这么想,他们觉得我给你提供好的就业机会,你应该感谢我,工资肯定要给,只是早晚的事,更何况我又没说不给。如何讨薪?书本上的理论很清楚。

第一,可拨打“12333”“12348”“12351”这三个电话进行咨询,并获得维权帮助。“12333”是人力资源和社会保障部开通的全国统一的劳动保障电话咨询服务专用号码;“12348”是市、区或县司法局及法律援助中心面向广大群众的法律咨询专用电话,它解答群众的法律咨询,配合调处民间纠纷,及时反映群众的法律需求信息,指导和接受法律援助申请,维护贫弱当事人的合法权益;“12351”是中华全国总工会职工维权热线。

第二,可以与单位进行协商,要求单位支付拖欠工资;也可以向劳动监察大队投诉举报;如果是建设工程,还可以要求支取保证金,因为一般的建设工程都有农民工工资保证金,政府可以先行支付。

第三,向调解组织申请调解或者向劳动争议仲裁委员会申请仲裁。如果通过仲裁问题还未得到解决,可以向人民法院提起诉讼,申请支付令或小额案件审理等。

不过,回到真实世界,除了电话咨询,每一步都不容易,而电话咨询的作用通常只是普及法律知识以弥补法律知识不足的缺陷。讨薪过程中有复杂的程序事务需要你完成,单凭书本上的法律知识远远不够。一些劳动者，也知道书本上的那些理论，但缺乏相关法律实务知识，最后可能还是选择铤而走险，用暴力手段讨薪。有的违反社会治安管理规定，采取拉横幅、堵塞道路、阻碍交通、封锁出入口等方式；有的采取爬楼、爬塔吊、切断水电、冲击办公现场等方式；有的采取敲诈、勒索、胁迫索取欠款等方式；有的甚至组织工人参加聚集或闹事的活动；等等。这些过激行为有时是劳动者的无奈之举，但是如此讨薪，或者要承担民事赔偿责任，或者可能涉嫌扰乱公共秩序、寻衅滋事等违法行为，将会受到罚款、拘留等行政处罚，情节严重还将构成犯罪，由此付出更沉重的代价，得不偿失！

欠债还钱天经地义，但一定要通过合理合法的程序，通过过激行为讨薪要债，有可能酿成无法挽回的惨剧。那么，从书本到真实世界，讨薪涉及多少具体法律事务呢？

首先，收集有关证据。劳动合同、用工协议、考勤卡、工资单、上岗证、工资欠条、完成任务记录等，是可以证明本人与用人单位存在劳动关系的凭据。没有相应证据，讨薪很可能只是凭感情，老板想给你就给你，不给你，你也束手无策。虽然事情明明白白，你辛辛苦苦劳动了，用人单位也知道，但是，法律通常由第三方裁决，第三方不知道，你得有证据证明给他看。

有了证据，就可凭这些证据与用人单位负责人交涉，要求对方支付本人应得的工资报酬。能协商解决是上策，不过，协商也讲技巧，可以联合起来，选出代表协商。有的老板不懂法，无所畏惧，你得告诉他法律对拖欠农民工工资的处罚，让老板对此心生敬畏。早在 2011 年，《刑法修正案（八）》就将“拒不支付劳动报酬罪”纳入了刑法。我国《刑法》第 276 条之一的第 1 款和第 2 款规定：“以转移财产、逃匿等方法逃避支付劳动者的劳动报酬或者有能力支付而不支付劳动者的劳动报酬，数额较大，经政府有关部门责令支付仍不支付的，处三年以下有期徒刑或者拘役，并处或者单处罚金；造成严重后果的，处三年以上七年以下有期徒刑，并处罚金。单位犯前款罪的，对单位判处罚金，并对其直接负责的主管人员和其他直接责任人员，依照前款的规定处罚。”有的老板如果听到欠薪涉嫌犯罪，而且最多可以判 7 年有期徒刑，可能就会给你钱，他是因为不懂法才跟你赖皮的。另外，在协商时，可以通过录音等方式保存协商记录，为日后做准备。

如果用人单位继续无故拖欠、克扣工资，你可以通过法律途径解决。打不起官司的讨薪农民工，可以向欠薪的老板和单位所在地法律援助机构申请法律援助，请法律援助机构指派律师免费帮你打官司。不过，这也需要办理很多的具体手续，申请时要提交：(1)身份证明材料；(2)经济困难的证明；(3)与所申请法律援助事项有关的案件材料。

如所在单位有劳动争议调解委员会，可申请调解。劳动争议调解委员会由职工代表、用人单位代表和工会代表组成。也可以找当地工会，前往工会帮扶中心、工会法律援助中心寻求帮助。工会有可能直接出面同用人单位协商解决，或者协调劳动保障监察机构解决。

向当地劳动保障监察机构投诉，可拨打“12333”热线，登录劳动保障监察机构官网，或直接前往投诉。如果是发生在建筑企业的工资拖欠问题，还可持有关凭据及时向所在地建设局建筑工程管理处投诉。投诉有具体程序要求的，得找对投诉机构，查清隶属关系，到单位所在地的劳动保障监察机构投诉；投诉书面材料要说明姓名、性别、身份证明、年龄、职业、工作单位、住所和联系方式，用人单位的名称、住所、法定代表人或者主要负责人的姓名、职务，以及被拖欠工资的事实和要求足额支付工资等投诉请求事项。如果不会写投诉书面材料，也可以口头投诉，由接待人员记录，经投诉人确认无误后捺手印，但是应当确保已获取上述基本信息。根据《劳动法》第 91 条规定，用人单位克扣或者无故拖欠劳动者工资的，由劳动行政部门责令其支付劳动者的工资报酬、经济补偿，并可以责令其支付赔偿金。劳动部门依法作出行政处理决定，用工单位在法定期限内既不提起行政诉讼，亦不履行政处理决定的，劳动部门以及你都可以在法定期限内申请法院强制执行。当劳动关系双方对是否拖欠工资及数额有异议时，由行政处理部门告知农民工申请劳动争议仲裁，行政处理程序终结。所以，这里要注意了，投诉的前提是劳动关系双方对是否拖欠工资无异议且工资数额明确。如果有争议，投诉很难成功。

如果你与用人单位对是否拖欠工资无异议且工资数额明确，这类案件相对好办。除向当地劳动保障监察机构投诉外，还可以持欠条向有管辖权的法院起诉或者申请支付令。根据《劳动合同法》《民事诉讼法》和相关司法解释的规定，员工持有欠薪的和解协议，比如用工单位发出的包含欠薪数额、清偿期限等内容的书面或电子的欠条等资料，就可直接适用督促程序，不必再走劳动仲裁程序。用人单位应当自收到支付令之日起 15 日内支付所欠工资，或者向人民法院提出异议。如用人单位收到支付令超过 15 日，既不提出异议也不履行支付令的，劳动者可以向人民法院申请强制执行。督促程序是非诉程序，不开庭，法院凭有关证据就可发支付令命令债务人清偿债务，费用极低，审理期间短，举证责任轻，可减轻申请人因参加诉讼所带来的负担，不过，前提是有欠薪的和解协议。当用人单位对督促程序中发出的支付令提出异议导致支付令失效时，将直接依法转为民事诉讼程序。数额不大的讨薪案件，多半就直接转为小额诉讼程序。如果数额较大、案情复杂的可能就直接转为简易程序或普通程序，那就要实行两审终审。小额诉讼程序简易、迅速，起诉和送达方式与普通程序相比较而言有所简化，而且实行一审终审。不过，前提也是企业已开具和解协议。

如果你与用人单位对是否拖欠工资及拖欠数额有异议，此时双方关系为劳动争议，《劳动法》第 79 条规定："劳动争议发生后，当事人可以向本单位劳动争议调解委员会申请调解；调解不成，当事人一方要求仲裁的，可以向劳动争议仲裁委员会申请仲裁。当事人一方也可以直接向劳动争议仲裁委员会申请仲裁。对仲裁裁决不服的，可以向人民法院提起诉讼。"在劳动争议案件中，劳动争议仲裁程序是前置程序，只有对仲裁裁决不服的才可以向法院提起民事诉讼。需要注意的是，按照《劳动争议调解仲裁法》规定，提起劳动仲裁的一方应在当事人知道或者应当知道其权利被侵害之日起一年内向劳动争议仲裁委员会提出书面申请。劳动争议仲裁裁决作出后，在法定期限内，当事人未提起民事诉讼的，可以申请法院执行劳动争议仲裁裁决。如果引发诉讼，则须待判决生效后，申请法院强制执行。一般诉讼程序实行两审终审，周期比较长。

讨薪最怕赢了官司，拿不到钱。你可以考虑申请诉讼保全。据此，你可以避免陷入打赢官司却拿不到钱的尴尬境地。另外，如果发现债务人转移财产，你可以考虑向法院申请撤销该行为。《民法典》第 538 条规定："债务人以放弃其债权、放弃债权担保、无偿转让财产等方式无偿处分财产权益，或者恶意延长其到期债权的履行期限，影响债权人的债权实现的，债权人可以请求人民法院撤销债务人的行为。”债务人以明显不合理的低价转让财产，对债权人造成损害，并且受让人知道该情形的，债权人也可以请求人民法院撤销债务人的行为。

赢了官司，经常还要经过强制执行程序才能拿到钱。发生法律效力的劳动仲裁裁决书、劳动仲裁调解书、支付令、法院判决书或调解书，如果负有义务的用人单位拒绝履行的，你可以依法向人民法院申请强制执行。经强制执行未果，法院会曝光欠薪单位“黑名单”，让违法失信的用人单位“一处违法、处处受限”，在被列入“黑名单”期间，用人单位在政府资金支持、政府采购、招投标、生产许可、资质审核、融资贷款、市场准入等方面都会受到限制，在银行、市场监督管理局、房管局和车船所等都有记录，欠薪者无法办理营业登记、房车登记，登机也会受限。

最后，如果你还是拿不到钱，如果用人单位以及相关责任人员有“以转移财产、逃匿等方法逃避支付劳动者的劳动报酬或者有能力支付而不支付劳动者的劳动报酬”情形，且经政府有关部门责令仍不支付的，那么这些违法者有可能要承担刑事责任。你可以选择向公安局报案，经公安机关侦查、检察院起诉、法院审判等多个环节，违法者可能就要承担刑事责任了。定罪需要一段时间，但是一旦到公安机关采取刑事拘留等强制措施的地步，对欠薪者来说，基本上是一场灾难。

微课 56
性侵受害者如何维权？被人诬告强奸怎么办？

《刑法》第 236 条规定，强奸罪，是指违背妇女意志，使用暴力、胁迫或者其他手段，强行与妇女发生性交的行为，或者故意与不满 14 周岁的幼女发生性关系的行为。刑法对强奸罪有明确的定义，但是，在实践中，性侵受害者的维权涉及诸多环节，有时一个环节出错，就会造成无法维权的后果。

假设不幸降临，面对对方的性侵，你的反抗是受到法律保护的。《刑法》第 20 条第 3 款规定："对正在进行行凶、杀人、抢劫、强奸、绑架以及其他严重危及人身安全的暴力犯罪，采取防卫行为，造成不法侵害人伤亡的，不属于防卫过当，不负刑事责任。"当然，致命反抗有可能招来更暴力的强制，甚至失去生命，一切因情势而定，未必只有一种选择。无论是否选择抵抗，设法在对方身上留下抓挠的痕迹很重要，这些抵抗痕迹的鉴定有助于法医判断当时的情况。

一篇没有署名的网络文章《如果你太太被性侵犯》中提到的一件事情也很有启发意义。一天晚上十时左右，杰克的妻子有急事要出门，杰克一边喊着"安全套，安全套"，一边匆匆打开抽屉，拿起几个安全套追了出去。杰克解释说："当妻子独自遭遇色狼而无力反抗的时候，我不希望她坚决抗拒，而是希望她屈从。纽约患有性病包括艾滋病的男人很多。有了安全套，当妻子遇到了不可抗拒的性侵犯时，她的健康和生命都可以得到保障。"之所以这样做，杰克说："生命对于妻子只有一次。爱妻子就要爱她的生命。"这篇文章还讲到，发生侵害时，你应该：(1)保持冷静，尽可能以生理期或身染性病、重病、传染病等理由拖延时间；(2)保护自己，降低加害人的警戒心，避免激怒他，必要时先将贵重财物交给加害人以求脱身；(3)大声呼救，求救时大喊"着火了"比"救命"更能吸引旁人注意；(4)趁机脱逃，观察四周环境，利用身边工具（如手机等）求救。这些都是很有效的策略。

案发之后，你的第一任务是避免破坏证据，不要洗澡、上厕所、吃东西、刷牙、换衣服，不要破坏现场，以便提取法证。受害后，许多人当时最想做的是洗澡。切记，千万不要！第一时间报警，可以自己去派出所，可以拨打报警电话，也可以由亲友代为报警，尽快固定笔录及开始身体的伤情鉴定。伤情鉴定之后，如果有性器官插入，还需要做艾滋病等传染病检查，按医嘱做好避孕措施。面对性侵，也有受害者选择不发声，让它成为尘封的秘密。沉默等于放纵，不了了之有可能是下一个罪恶的开始。不过，是否报警是受害人自己的权利。假设不报警，最好也要去医院做法医检查，并留存档案。如果没有及时保留证据，将罪犯绳之以法是有难度的。根据英国《卫报》的报道，2011～2012年，英国整体强奸案最终定罪率只有7%。中国强奸案定罪率笔者尚无法查到，应该不至于像英国这么低，不过，保留证据这一点无论在哪一个国家都是至关重要的。

受害者在事发后选择报警，公安机关将立案侦查。侦查结束后，由检察官代表国家完成审查起诉工作。也有的受害者选择"私了"。

所谓“私了”，是指强奸案发生后，被害人及家属一方面为保全被害妇女的名誉，另一方面又想得到被告人经济赔偿，不经过国家司法机关和有关组织，私自与被告人协商达成赔偿协议，从而承诺放弃控告的一种不合法方式。“私了”是不受法律保护的，如果通过“私了”借机对犯罪嫌疑人敲诈勒索，情节严重的，自己反而会构成刑事犯罪。

强奸罪的另一端是被人诬告强奸。“仙人跳”就是一种以色引诱后敲诈钱财、诬告强奸的现象。一般是一妇女以从事淫秽活动为由头，将一男性引到某处，准备做些见不得人的勾当，这时候，这个妇女的同伙突然出现在眼前敲诈钱财。为了不让事情张扬出去，力求自保，被引诱的男性往往会把身上的钱给对方，这样对方就达到了敲诈的目的。还有一类是社会上一夜情、网友约会、酒吧交友后发生性关系，两人出现争执，或者女方不满，或者要钱不给，或者要钱给少了，或者被女方丈夫、男友发现，于是女方就告男方强奸。如果双方是自愿的，自然就不是强奸罪，你可以告对方诬告陷害罪。不过，法律是讲究证据的。强奸犯罪是一种隐蔽犯罪，通常在没有第三者在场的情况下发生。在司法实践中，办理人员只能通过事后留下的点滴证据来推断当时的情形，如果事后留下的点滴证据对你不利，那就麻烦了。

被人诬告强奸，你的任务是努力呈现客观事实，如果再有一些证据意识，你成功概率就很高了。不要撕破女方衣服，不要抓破女方皮肤，更不要殴打女方，以免留下强迫的证据。如果女方要钱，你应该努力留下她向你要钱的证据，录音、录像或者聊天记录都可以，这样就可以证明自己确实没有强迫、威胁对方。明确告诉女方你有她要钱的证据，这样对方可能就退缩了。当然，最重要的是绝对尊重对方的意愿，女方愿意第一次不等于女方愿意第二次，女方愿意此种姿势不等于女方愿意另外一种姿势，女方同意开房不等于女方愿意和你发生性关系，女方在未见面聊天时明确同意发生性关系，并不等于她见面后会同意。

微课 57
技巧

程序不仅是用来遵守的，它也是一种技巧。熟悉程序流程不一定能维护你的实体权益，你还需要懂得运用程序的技巧。程序是一种技巧，说明掌握程序思维不仅要熟悉法律规定，更要结合真实世界的各种维度把握程序应用的各种实战技巧。以民事一审程序为例，有什么值得重视的实战技巧呢？

1. 管辖权异议

《民事诉讼法》对管辖权异议有详细的规定，但是，它不会告诉你在实战中为什么要提管辖权异议。其一，当遇到对方起诉，如果你觉得案件突发或者案情复杂，需要更多的时间进行应诉准备，那么，你可以考虑管辖权异议，这可以在时间上延缓案件的审理进度。其二，提管辖权异议，是为了实质上变更管辖权，以避免当前管辖可能给案件带来的不利影响。

2. 反诉

反诉也是民事诉讼中经常使用的一个诉讼策略。反诉是当事人法律地位平等原则的重要体现，是本诉被告所享有的重要权利。通过反诉与本诉合并审理的方式，减少当事人讼累，降低诉讼成本，便于判决的执行。而作为当事人，你提起反诉则可以有更多策略性的考虑。很多纠纷都具有两面性，特别是双务合同和互负责任的侵权赔偿纠纷，例如，一起交通事故双方都有过错，一方起诉后，另一方可以针对其赔偿请求提起反诉。在实战效果方面，反诉可以为自己争取调解的筹码，也往往可以打乱对方的诉讼节奏，或者达到拖延诉讼时间的效果。

3. 证据保全

当诉讼上可作为证据的资料有消失或日后难以取得的可能时，司法机关可依诉讼参加人的申请或依职权预先采取保全措施，以保证证据的保持。在商标和专利侵权纠纷中，经常需要动用证据保全。作为当事人，你还需要进一步拓展证据保全的思路，除了诉讼中的证据保全外，还可以考虑诉讼外的证据保全，即通过公证处将证据固定并保存下来。

4. 财产保全

财产保全分为诉讼中财产保全和诉前财产保全。财产保全有时可起到尽快解决纠纷的作用，当财产保全影响对方生产经营时，对方可能就不得不考虑和解并承诺偿付债务。房价涨得厉害，有的卖家签了房屋买卖合同，拒绝交房和过户。买方怎么办？一个优先的选择是去法院申请诉前财产保全，查封该房产。财产保全在这里可以帮助买方选择适当的诉讼策略。如果查封顺利，可提起给付之诉，请求法院判决对方交房、过户。如果经查封发现该房产已过户或抵押给他人，可基于对方违约致使不能实现合同目的提起解除合同之诉，并要求对方赔偿房屋差价。

5. 申请法院调取证据

有些证据当事人难以取得或者根本无法取得，必须向人民法院申请调查取证。申请法院调取证据是诉讼当事人的一项权利，恰当充分地利用此权利往往可以达到事半功倍的效果。申请法院调取证据有时间的限制，一定要注意及时提出。

微课 58
如何尊重少数人?

少数服从多数是各类程序法中另一个关键制度,广泛运用于立法、司法以及政治决策和日常生活中。少数服从多数的基本原则是 49% 的人服从 51% 的人偏好。单纯的少数服从多数,不能防止 51% 的人要求平调 49% 的人的财产,不能防止多数暴力。在奉行多数决定的同时,我们还要附有保护少数人权利这一条款。健全的法律程序思维要求我们懂得如何尊重少数人。

如何尊重少数人呢?在法律上有这样几种选择:

第一,补贴少数人。例如,对自由贸易进行投票,三个人中有两个人认为可以,一个人认为不行,怎么办?有一种可行的选择就是,少数服从多数,但是多数补偿少数。某国加入世界贸易组织,农民坚决反对。该国对此灵活处理,按世贸规则进口大米,但是这些大米被禁止在国内市场销售以免冲击农民,然后进口的大米被拿去救济国外穷人。

第二,规定某些权利不可由少数服从多数决策。三个人中有两个人认为一人该死,如果少数服从多数,这个人就得死,这是惨无人道的。三个人中有两个人认为一个人的财产应该捐出,如果少数服从多数,这个人就得捐出财产,这无疑是一种抢劫。少数服从多数的前提是每一个参与者都先有了自己的被明确界定和受到高度尊重的产权,在此基础上,再把一些公共问题交给“多数决定”。在涉及基本人权的问题上,不能擅用民主决策,应该以自然法加以保护基本人权，有关纠纷则应留给国家的专业机构加以独立判断，而不可擅用民主。

第三，少数人有退出权利。三个好朋友各出 1000 元出去旅游，回来剩下 300 元，两人决定去唱卡拉 OK，一个人希望退回 100 元，一个好的选择应该是让这个人有退出的权利，退回 100 元，而不是少数服从多数都去唱卡拉 OK。

第四，引入讨论与辩论。电影《十二公民》改编自 1957 年的美国影片《十二怒汉》。该片围绕一个“20 岁富二代弑父”案的审理展开，由 12 个公民组成陪审团将对本案作出最终“判决”，按照规则，他们必须达成一致，才能结束审判。“十二公民”的身份各不相同，有出租车司机、房地产商、数学老师、保安、商贩、保险推销员等，他们代表的是 12 类各个阶层的人，各有着自己的知识、经验、委屈和彷徨。12 个没有名字只有代号的陪审员刚坐下，便迅速给出了结果，11∶1，11 人认为有罪，1 人认为无罪。随后经过一次次的讨论、争论甚至冲突，大家逐渐克服了自我的成见，证词一次次被推翻，投票也由 11∶1 变成 10∶2、8∶4、6∶6、3∶9、4∶8、1∶11，最后变成 0∶12，全票认定无罪。简单的少数服从多数，很容易带入情绪和偏见，造成错误的判断，而引入讨论、辩论则更可能使决策或审判奔向正确的方向。

微课 59
法律远，拳头近？

韩国《朝鲜日报》2006 年 11 月 29 日报道了这样一篇新闻：在司法官考试面试中，一位考生面对“在街上，如果有人向你挥拳你会怎么做”的提问，回答说“我会迎上去还击。毕竟法律远，拳头近”。最终，考官认为该考生法律素养有问题，判定该考生落榜。

考生的回答符合日常生活中的人伦常情，但不符合法律伦理。面试官的意图可能是想考查考生对正当防卫和“私力救济”的理解。在现代社会，出拳反击如果是正当防卫，那么是法律允许的，但考生并没有这样回答。出拳反击，这种保护自身权益的救济方法，在法律上称为“私力救济”，即依靠自身的实力，通过实施自卫行为或者自助行为来救济自己被侵害的权利。私力救济在人类社会早期是普遍和正当的权利救济方式，但在现代社会中，私力救济已经被压缩在很小的范围之内，必须得到法律允许。

1890 年，在美国南犹他州的一个摩门教小镇发生了一起蹊跷的案件。由于无人看管，镇里一位居民的几头牛走失了，它们在夜里闯入印第安人的耕地并将他们的庄稼吃了个精光。第二天，当地印第安人便要求镇上的摩门教大祭司（他被印第安人看作白人部落的首领）做出适当的赔偿。大祭司对该要求置之不理。一周后，印第安人再次来到小镇，牵走属于镇上居民的一头小公牛和另一位居民的小母牛，并将牛肉在部落全体印第安人中分食了。按照印第安人的理解，他们所做的完全是恰当的自助赔偿行为。但是，现代法律已不允许这样的私力救济，印第安人可以对牛的主人提起诉讼要求赔偿，但却无权杀牛，牵走牛的行为反而涉嫌盗窃罪。

超出法律允许范围的私力救济往往在民法上构成侵权行为，在刑法上构成犯罪行为。出拳反击显然也不是法律所允许的，除非正当防卫。当事人可以这样选择，但是要承担相应的法律责任。不过，考生的回答“法律远，拳头近”倒是指出了一个非常值得研究的法律现象。

第一，从事实角度来看，“法律远，拳头近”首先是一种客观现象。法律对权利的保护方式以公力救济为主，但公力救济常常有烦琐的程序，对普通公民来说，常常显得很远，也很慢。例如，虽然欠债还钱天经地义，但是，讨薪程序对于一个打工者来说还是很复杂的，以至于很多人选择放弃。私力救济是直观性的、对抗性的自我保护方法，普通公民很容易掌握。不过，不合法的私力救济成本很高，绝大多数都是得不偿失。例如，有些打工者看不到这一点，就选择了暴力讨薪，结果反遭法律制裁。老板不发工资，一怒之下将老板打了一顿，有可能构成故意伤害罪；把老板的车给砸了，可能构成故意毁坏财物罪；把机器给砸了，可能构成破坏生产经营罪。

在一个法治落后的社会，法律实施的效率太低，司法腐败严重，老百姓不敢打官司或者没钱打官司，法官缺乏应有的法律素质，法律的程序太复杂，让老百姓打官司就像是钻入了法律的迷宫，寸步难行。公民用法律维护自己的合法权利有时不及用拳头暴力来维护自己合法权利更有效、成本更低。在现代社会，法律虽然还有点远、有点慢，但总体上已经是一种非常有效且成本远低于不合法私力救济的权利保护手段，这时候拳头暴力显然不是一个好的选择。当然，“法律远，拳头近”也提醒我们：社会还必须致力于让法律更有效，也有必要给私力救济更大的空间，让公民对法律产生信任感。

第二，从行动选择的角度来看，尽管存在“法律远，拳头近”的客观问题，但是，法律人的选择，不应该以远和近、复杂和直观作为标准，不应该意气用事，需要从一个社会的整体正义以及个人的实质利益出发来衡量。

面对“法律远，拳头近”，法律人不应该过于依赖公力救济。公力救济慢和远甚至不会到来都有可能，必须积极寻求合法的预防措施和私力救济，甚至某些只是轻微违法的私力救济也是可以选择的。法律确实能保护我们，但有点远。虽然法律会对盗窃行为定罪，但是，对你来说，不是等东西被偷了再来寻求救济，而是要主动做好防盗措施，例如，当你出门时，身上的财物必须放在你的视力所及、身体感知范围内，家里要做好防盗保护。诈骗是一种违法犯罪行为，保护权利最主要的还是要有防骗意识，天上掉馅饼的事来了，得留意一下对方是不是骗子。权利保护，首先是私力保护，预防权利被侵犯；而当权利被侵犯时，第一时间就要行动起来，以合法的方式寻求一切可救济的手段，而不是什么都不做，就等警察来。

“法律远，拳头近”还要求我们注意对方的暴力很近，比如超出法定利率的高利贷不被法律保护、赌债是无效的，但是，如果只是寄希望于法律，在法律还没有到来的时候，对方的暴力可能就来了。像“4·14”聊城于欢案，“黑社会”暴力讨债是常规手段。对于以拳头著称的“黑社会”，你应该避免打交道，因为暴力随时可能会来，法律还来不及保护的时候，你可能已经遭受难以挽回的暴力伤害。

微课 60
你被冤枉了吗?

你官司输了，法院是公正裁判的，但你可能会有一种被冤枉的感觉。为什么会有这种感觉？这是一个复杂的问题，如果仅从法律程序的角度来看，可能是因为你没有注意到程序是有成本的。权利被侵犯，你可能觉得国家就有保护你权利的义务，其实，权利的保护是需要成本的，国家会将一部分成本分摊到你身上。法律不保护躺在权利上睡觉的人，你官司输了，可能就是因为你躺在权利上睡觉，你缺乏保护自己权利的法律意识，不懂或者不愿意履行法律在程序上分配给你的义务，而不是法院冤枉了你。

民事官司的举证责任分配是“谁主张，谁举证”，你不能很好地举证就会输掉官司，这一点逐渐为人们所熟知。不过，在刑事领域，很多人认为“任何人不得被迫自证其罪”，所以自己没有证明义务，不会因为没举证而被冤枉。结果恰恰是因为没有很好地举证，所以被定罪了。某些特定刑事案件，当公诉机关举证到一定程度，你就有举证的义务了，否则，你真的有可能无罪而被定罪，或者由轻罪变重罪。巨额财产来源不明罪就是典型的例子，当公诉机关证明一位公职人员的财产或者支出明显超过其合法收入且差额巨大，这位公职人员就有义务作出合理说明，否则就会被定罪。很多人以为只有巨额财产来源不明罪存在这种情况，其实刑法类似罪名还有一些，但尚未引起足够重视。

一般合同纠纷与合同诈骗的区分有时是十分困难的，二者区分的关键是“行为人是否具有非法占有的目的”。“非法占有的目的”是一种内心活动，在现有技术条件下很难被外界直接感知，除了行为人自己的供述，司法机关只有采用推定方式加以认定，即通过行为人的客观行为来推定其主观罪过。一般来说，只要行为人的行为有以下几种情形，就可推定行为人具有“非法占有的目的”，如以虚假的单位或者冒用他人名义签订合同的行为，以伪造、变造、作废的票据或者其他虚假产权证明提供担保的，收受对方给付的货物、货款、预付款或者担保财产后逃匿的。换句话说，如果你有以上行为而没有“非法占有的目的”，你就得自证无罪了。主观罪过，外界摸不着，除非行为人自己供述，否则只能由客观行为推定，但推定毕竟不是事物本身，不具有完全的必然性，只具有极大的概然性。凡是涉及主观罪过的行为，大体都存在这一问题，只要司法机关证明某些客观行为为真，就会推定行为人有主观罪过。如果你真的没有，你就要举证证明，否则就会被定罪，在你看来，是被冤枉，但是，这却是法律的无奈设定。要求法律设定更严格的客观行为推定标准以免冤枉好人，会带来巨大的程序成本，考虑到成本压力，法律只能选择将证明责任分配给行为人。

一些环境污染型犯罪，除了被告主观罪过可以适用推定外，危害行为和危害结果之间的因果关系，也可以适用推定。只要企业排放有害物质，而且受这些有害物质影响的地区正发生因同一种物质引起的公众生命健康危害，就可以推定这种因果关系成立。如果企业说对公众生命健康的危害不是本企业造成，可能就得自己举证了。这里面就有程序成本的考虑，要求控方在此基础上进一步证明因果关系不仅在实践上难以操作，而且成本极其昂贵，所以在实务中，只要控方证明达到相当程度，企业如果真的认为不是自己造成的，就只能自己举证了。类似做法在其他一些犯罪中也存在，比如贪污受贿后的赃款去向通常被推定为行为人自用，如果行为人想推翻这种推定，就得自己证明；再如一些假冒专利犯罪，控方要直接证明被告人假冒专利的某些具体细节也是极其困难的，所以在实务中控方证明达到一定程度后，被告也得承担一部分举证责任。

本讲小结

法律适用的程序思维

法律适用的思维模型是将法律与事实对接演绎出法律结论。在这个模型中，法律结论的真假取决于法律与事实。不过，在真实的法律实践中，事实的认定和法律的解释都可能产生不同意见，于是，法律演化为通过程序处理相关争议的规则，程序被赋予了独立的生命。在法律实践中，相对于实体思考，程序思考是优先的。

首先要把握程序的理念，这是对程序法的前理解。微课 54 讨论了法律程序的最核心要义，包括适当通知当事人、法官中立不偏私、让当事人充分地陈述意见、提交证据予以举证、法庭上充分地对质与辩驳、双方对提供的证据相互质证、获得律师帮助、对不利证据予以披露、在听证的基础上予以裁断、知悉裁决的依据和理由等。

程序中的两造竞争、封闭思考有助于排除非法律因素的干扰，排斥任意性，促进理性思考，从而有利于形成妥当的法律裁判。由于法律本身的争议属性，实体结论的公正性要通过程序的公正来保障，缺乏严格的程序往往导致实体的不公正。但是，不可否认，纯粹实体的法律适用思维获得的法律结论与基于程序的法律适用获得的结论仍然可能产生冲突，在这对冲突中，法律选择了后者。

书本里的法律思维，事实被假定为完整且切合实际的，法律思维主要体现为事实的法律评价，一般不关乎程序。真实世界的法律思维则是程序优先的，实体性的思考应当在程序思考的前提下进行。

对法官而言，程序思维意味着：不先入为主、不作有罪推定、中立不偏私等。对当事人而言，他对法律的结论可能早已有自己的判断，他要考虑自己的权利如何在程序框架下实现，就需要在程序框架下构造对权利的认识。

在程序的框架下，权利救济转化成具体事务性工作。在微课 55 中，我们看到，欠债还钱天经地义，但在讨薪过程中，仍然有复杂的程序事务需要完成。程序代表一个有强制力的时间流程，既不能拖延，也不能随意跳过去。

在程序框架下，权利的实现有时候需要借助技巧，在微课 57 中，我们看到，熟悉程序流程不一定能维护你的实体权益，还需要懂得结合真实世界的各种维度把握程序应用的各种实战技巧。

在程序的框架下，事实判断的“真”是程序意义上的，经过程序加工和确认的“真”，才是法律意义上确定的“真”。微课 55、微课 60 讨论这方面的话题。刑法对强奸罪有明确的定义，但是，在实践中，性侵受害者的维权涉及诸多环节，一个环节出错，有时可能会造成无法维权。被人诬告已经够倒霉，要有点证据意识，才能更好地保护自己的权益。尤其要注意的是，法律在程序上分配给你的证据义务。

在程序的框架下，纯粹实体的法律适用思维获得的法律结论是没有约束力的，而经过严谨法律程序得出的裁判结论，无论其具体内容如何，人们都必须接受，除非能够通过合法的程序推翻。

续编　法律思维是什么？

任何一个现实的法律应用，其背后都有无数的思考维度在起作用。目前研究最成熟的思考维度是法律的解释适用，“给我事实，我就告诉你正义是什么”，这句古老的拉丁语格言说的就是这种思维。法律的解释适用相对于现实生活的法律应用还有相当长的距离。人们之所以能有效处理现实生活的法律问题，并不是因为这些问题只需靠法律的解释适用即可解决，而是大量默会知识在起作用。经过长年累月的法律职业历练，资深法律人终于掌握了这样一些默会知识，因此，他们能高效处理各种复杂的法律事务。但是，这种掌握法律思维的学习模式不适合年轻法律人，更不适合没有机会经受法律职业历练而又需要运用法律思维的普通人，因此，亟须一本将法律思维的默会知识解释为具体规则的法律读本。默会知识难以用精确语言解释，需要结合感知来理解，因此，本书采用“思考维度 + 微课”的场景式解读来传达默会知识。

法律思维的核心是法律适用，其思维模型是三段论，即以法律规范作为大前提，以事实作为小前提，按照三段论模式演绎得出法律判断。在现实的法律应用中，他人可能会作出跟我们不一样的法律判断。于是，本书在法律适用思维模型基础上叠加第一个思考维度——对手。对手思维要求我们不能只满足于通过自己的法律适用推理获得的法律判断，而且要在论辩中获得更好的法律判断，并且说服他人接受。我们之所以要做法律判断，之所以要与他人展开论辩和说服工作，乃是为了实现生活或者事业上的某种利益目标。于是，本书叠加第二个思考维度——利益。思维的基本模型是推理，推理是由前提信息推导出结论的过程。推理能否有效达成其目标关键在于前提信息是否充分，在法律这种明规则外，我们的信息是不充分的，本书将规律、规则的信息不充分称为“潜规则”，将个案信息的不充分称为“信息不完备”，进一步叠加这两个思考维度。法律应用必然产生一定的结果，结果可能与你所认定的正义相冲突，也可能与人情信任关系相冲突，于是，本书进一步叠加“容纳矛盾”和“信任”的思考维度，以探讨应对策略。

真实世界的法律思维，一方面，要在法律适用思维模型基础上扩展，本书将这种扩展概括为六个关键词：对手、利益、“潜规则”、信息不完备、容纳矛盾、信任；另一方面，要对法律适用思维模型进行细化，本书选择其中六个关键词：普遍性、权利义务、主体、法律的完整把握、事实的法律陈述、程序。法律是历史性存在，对法律的正确解释存在前理解的问题，本书选取普遍性这一关键词进行讨论。法律适用一方面要依据事实寻找法律，以及为处理事实而体系化解释法律，本书选择权利义务、主体、法律的完整把握三个视角对此进行讨论；另一方面还要依据法律将事实陈述为法律可以判断的事实，以便获得相应的法律结论，本书围绕“事实的法律陈述”进行分析。事实的认定和法律的解释都可能产生不同意见，法律之所以能有效地解决问题，在于程序。在法律实践中，相对于实体思考，程序思考是优先的，于是，本书引入了最后一个关键词——程序。

法律思维有一个最基本的思维模式——以事实为根据，以法律为准绳。本书试图在此基础上将法律思维分解为十二个维度讨论。前六个维度可理解为真实世界的维度，后六个维度为法律理论的维度。受制于课程教学的局限，法学院训练的法律思维主要是法律理论思维。将理论应用于实践面临两个挑战：第一，理论是简化的，它不能适应真实世界的复杂维度；第二，真实世界有强大的日常思维惯性，它会干扰法律理论思维的应用。因此，真实世界的法律思维，既要在书本理论的基础上加上真实世界的维度，也要在真实世界日常思维的基础上加上书本理论的高度，由此形成一个循环。本书的创新点主要在于真实世界六个维度的分析，法律理论思维的维度已为绵延数千年的法学研究传统所阐释，之所以将两者结合在一起，主要是因为想架构一个完整的循环。

后　　记

法律浩瀚如海，有无数的法条，而当这些法条适用于生活，又会有无穷的疑问。且不说外行人，就是一个业内人士摸清楚法律也不是一年两年的事情，而是五年十年的事情。一个学法的人，需要经过本科或硕士阶段的学习，才有机会参加法律职业资格考试，而堪称“中国第一考”的法律职业资格考试，大多不是一次性通过的。等好不容易考取法律职业资格证书，如果想做律师，还须在律所实习一年，经考核合格的，才能当律师；如果想做法官，也要多年的训练才可能取得此身份。如果你遇到一个刚出道的律师或者法官，你可能会发现他在稍微复杂的法律纠纷中仍然面临很多困惑。没有经过长期实践和专门训练的人，拿着现成的法律条文和案例是很难办案的。真实世界法律思维的很多细节是你不可能提前想到的，是那种必须自己做一遍才能知道的知识，必须在做的过程中才能积累起经验，知道哪里是坑。有一种说法——监狱里的犯人对法律思维的平均熟悉程度高于大学里的本科生，因为前者是在亲身体验中学习法律的，而后者虽然接受法律基础教育却可能是纸上谈兵。

真实世界的法律思维不等于书本里的法律思维，前者是现实世界，后者是主观世界。曾任最高人民法院民事审判一庭副庭长的法学教授姚辉说：“学者看不起法官、检察官，觉得他们不懂理论，只会胡来，课堂上拿某个判例或者某个司法解释开涮，常常是教授们的拿手好戏；反过来，法官、检察官们也不大看得上学者，觉得你们只尚空谈，根本不解决现实问题。”从书本里的法律思维到真实世界的法律思维，这是一次无比艰险的穿越。本书尝试做了一次穿越，充其量只是捡了一些路上的小石子，希望与诸多探讨这一问题的著作一起将这一条道路变成坦途。

真实世界的法律思维需要我们考虑诸多的维度，这些维度的理解不难，但是真正落实到实践仍然很“难”。“难”在综合，如果将一个维度比喻成一个科目的话，真实世界的法律思维就像高考，不是考一个科目，而是考很多科目，你需要懂得综合各个维度才能得高分。“难”在惯性，这些维度并不是我们的习惯思维，一讲到法律应用，或者陷入书本里的法律思维而忘记真实世界的维度，或者陷入日常思维的习惯而忘记法律理论思维。

最“难”之处应该在于“实践性知识”。知识一般分成两类。一类是技术性知识，又称为硬知识、显性知识，指的是可以用书面文字、图表或数学公式来清晰表达的知识，像牛顿力学、相对论、工程方案、菜谱等都是这类知识。另一类是实践性知识，又称为软知识、默会知识，是无法或者没有必要用精确的语言来表述的知识，比如窍门。懂得一点法律知识往往是派不上用场的，还需要找那些具备真实世界法律思维实践性知识的法律工作者，比如资深律师。在法学教育领域，真实世界的法律思维通常被认为是实践性知识，被教师当成不可触碰的“黑箱”。其实，知识类型并不是一成不变的，一些实践性知识随着时间的推移，会慢慢变成技术性知识。本来只可意会不可言传的知识，慢慢被总结成模型化的经验，人们更容易学会。乐谱是技术性知识，唱歌则主要是实践性知识，但是，后来总结了一些唱歌的经验，把一部分实践性知识转化为技术性知识，这样人们学唱歌就更容易了。法律思维领域也是如此，这个领域早已不是只可意会不可言传的“黑箱”领域，普通人也可以在一定程度上将它当成技术性知识来学习。本书所做的大概就是这样一种尝试，努力将某些“真实世界法律思维的实践性知识”转为技术性知识。不过，正如机器人在相当长的时期内还无法模仿人类照顾病人的技术动作，关于真实世界法律思维的理论探讨离真实世界还有遥远的距离。这也是法律人所应庆幸的，人工智能取代法律人还有遥远的距离，或者它根本无法取代。

这本书得以完成要感谢罗振宇，他那段《末日启示：向死而生》的视频激起我的写作欲望。感谢家人，家是心灵的港湾，是我持续创作的动力来源。感谢得到、静雅思听、微信等众多互联网平台，给我持续不断的写作启发。感谢尹涛、志坚等多位律师朋友，在同他们交流中获得诸多写作素材。感谢所有的亲朋好友，感谢所有未曾谋面和很久未谋面而只在微信上讨论的朋友，与他们的交流给我源源不断的思维灵感。感谢我所参考的各类文献的作者以及他们背后的编辑、出版商等，我只是将他们的成果又重新加工一番。感谢出版社所有的编辑、校对等工作人员的辛苦工作，让这本书得以与公众见面。

一本正式出版的书，实际上是作者和编辑的共同作品。作品中的可嘉许之处都蕴含编辑们的辛勤劳动，特别感谢法律出版社本书前任编辑高山先生、李军女士和现任编辑张心萌、孔明林女士等同人在本书写作过程中提出的诸多指导意见。有不少读者来信就本书的修订提出了非常好的建议，在此表示诚挚的谢意。作品中的错讹是由于我本人的笨拙，书中还有很多不妥之处，热忱期盼读者不吝赐教，可以通过微信（微信号 huangwenwei002）或者电子邮件（hww1975@163.com）与我联系。

最后，感谢每一位购买本书的读者朋友，你们是我写作生命得以有存在感的衣食父母，感谢您读这本书！